Julia Morgenthaler

Leuchtende Horizonte

Umschlaggestaltung: buxdesign | Daniela Hofner
Rechte Autorinnenfoto: Julia Morgenthaler

Der Verlag und seine Autorin sind für Reaktionen, Hinweise oder Meinungen dankbar. Bitte wenden Sie sich diesbezüglich an verlag@goldegg-verlag.com.

Der Goldegg Verlag achtet bei seinen Büchern und Magazinen auf nachhaltiges Produzieren. Goldegg-Bücher sind umweltfreundlich produziert und orientieren sich in Materialien, Herstellungsorten, Arbeitsbedingungen und Produktionsformen an den Bedürfnissen von Gesellschaft und Umwelt.

MIX
Papier aus verantwortungsvollen Quellen
FSC® C014138

ISBN: 978-3-99060-432-8

Unter den Linden 21 • D-10117 Berlin
Telefon: +49 800 505 43 76-0

Goldegg Verlag GmbH, Österreich
Mommsengasse 4/2 • A-1040 Wien
Telefon: +43 1 505 43 76-0

E-Mail: office@goldegg-verlag.com
www.goldegg-verlag.com

Layout, Satz und Herstellung: Goldegg Verlag GmbH, Wien
Printed in the EU

JULIA MORGENTHALER

Leuchtende Horizonte

Eine Weltreise zu den Geheimnissen des Glücks

GOLDEGG

Inhaltsverzeichnis

Für Timo

Vorwort

Dieses Buch ist ein Türöffner zum Glück! Es bringt dich zu den Traumzielen der Welt – und zu deinen Lebenszielen.

Julia Morgenthaler ist eine außergewöhnliche Journalistin und ein wirklich bemerkenswerter Mensch. Wir haben viele Jahre im ZDF bei der Sendung »sonntags« zusammengearbeitet und Lebens- und Orientierungshilfen an Millionen Zuschauer weitergegeben – mit derselben Leidenschaft und denselben Werten: Liebe und Freiheit.

Julia hat mich von Anfang an begeistert: zuerst mit ihren Fernsehberichten – berührend, unterhaltsam und tiefsinnig. Später mit ihrer eigenen Geschichte: mit ihrem Mut, ihr Leben selbstbestimmt in die Hand zu nehmen und andere damit anzustecken, über ihren Horizont hinauszuwachsen. Sie hat eine besondere Art, Vertrauen und Leidenschaft in anderen zu entfachen und Herausforderungen mit Offenheit, Abenteuerlust und unbeirrbarer Zuversicht zu meistern.

Sie ist eine wunderbare Begleiterin durch die Welt und das Leben – und der lebende Beweis dafür, dass es möglich ist, die eigenen Träume zu verwirklichen. Wer sich mit ihr auf die Reise begibt, dem eröffnet sich eine neue Welt jenseits des gewohnten Alltags, die immer tiefer zum eigenen Herzen führt.

Dieses Buch ist ermutigend und motivierend – eine einzige Inspiration. Es ist eine Schatztruhe voller Hoffnung und wertvoller Impulse, verpackt in unterhaltsame Geschichten.

Es erzählt spannend und humorvoll über Highlights und Herausforderungen einer Tour um den Planeten, die gleichzeitig eine Reise zu dir selbst ist. Dafür bekommst du eine Menge handfester Reisetipps: Jeder Seitenwechsel lädt auch zum Perspektivwechsel ein, regt zum Nachdenken an und führt zu dem ein oder anderen Aha-Erlebnis.

Ich wünsche dir viel Freude beim Lesen und eine gute Reise!

Deine Andrea Ballschuh

Fernseh- und Radiomoderatorin, Videocoachin

Prolog

»Liebe Julia! Nicht alle deine so schönen Reiseberichte habe ich gelesen, aber diejenigen, die ich gelesen habe, zauberten mir ein Lächeln ins Gesicht, ließen mich nachdenklich werden, staunen und träumen. Und, ob du es glaubst oder nicht: Ich befinde mich gerade auch auf einer Reise … zu mir, zu meiner Berufung, zu meinem Mut zur Veränderung – und dann das heulende Elend, wenn die Ernüchterung eintritt.Deine Beiträge gaben mir immer wieder Hoffnung – *einfach machen*! Zwar keine Weltreise, nein, meine Lebensreise zu mir! Danke … Das bringt mir wieder Zuversicht, Mut und den Glauben an meine Talente und an mein Warum – warum ich … gerne mache, was ich mache!«

Diese Worte erreichen mich wenige Tage nach meiner sechsmonatigen Weltumrundung. Unterwegs habe ich einen Reiseblog geschrieben, durch den mich viele Menschen ein Stück weit begleitet haben. Rückmeldungen wie diese gaben mir Rückenwind, dieses Buch zu schreiben, als Lebenskompass. Ich möchte damit auch andere ermutigen, ihre Träume zu verwirklichen und ihr Glück zu finden.

Einfach machen!

Ganz so einfach ist es nicht – aber es geht!

Ich erzähle dir meine persönliche Aussteigergeschichte, raus aus meinem sicheren Job als ZDF-Redakteurin nach 20 Jahren, auf meine große Abenteuertour um die Erde – zu Traumzielen nach Costa Rica, in die West-USA, nach Tonga, Neuseeland, Singapur und zu mir selbst. Gemeinsam mit mir erlebst du fesselnde Begegnungen und einzigartige Naturschauspiele, aber auch ein starkes Erdbeben, einen gefährlichen Wintersturm und viele andere spannende Herausforderungen. Es ist die Reise meines Lebens – eine Suche nach Abenteuer und Erfüllung.

In diesem Buch verrate ich dir meine Strategien und Erfahrungen, mit denen es mir gelungen ist, mein berufliches Leben komplett umzukrempeln und meine Träume wahr zu machen.

Auf meiner Weltreise habe ich Menschen an unterschiedlichen Orten der Erde nach ihren Träumen gefragt und nach ihren Wegen, diese zu erreichen. Was ist in fremden Kulturen das Rezept für Glück? Was können wir von ihnen lernen?

All diese Erkenntnisse teile ich mit dir. Sie werden auch dir auf deiner Lebensreise zu neuem Glück verhelfen.

Überleg nicht lange – komm mit und lass dich inspirieren! Ich freue mich auf unsere gemeinsame Reise.

Einfach machen!

Deine Julia

1.

Leuchten am Horizont – Polarlichter

7. November 2020, Mitternacht: Es ist eiskalt am Ufer eines einsamen Sees in Schweden, nördlich des Polarkreises. Bei minus 12 Grad Celsius zittere ich vor Kälte. Die Nacht verbringe ich in einem Zelt in der schwedischen Wildnis und liege auf der Lauer. Mein Blick wechselt immer wieder zwischen dem klaren, sternenübersäten Nachthimmel und meiner Armbanduhr. »Wann zeigen sie sich endlich? Werden sie überhaupt auftauchen? Angeblich sollten sie gegen 23:00 Uhr erscheinen, und nun warte ich schon seit Stunden!«, melden sich meine Gedanken.

Ich ermahne mich zur Geduld, die mir nicht leichtfällt, denn ich bin riesig gespannt und voller freudiger Erwartung. Doch meine Ungeduld beschleunigt den Prozess nicht. Mir wird bewusst, dass ich ohnehin nicht den geringsten Einfluss darauf habe, ob und wann sie sichtbar werden. Überhaupt fühle ich mich klein und unbedeutend unter diesem gigantischen Sternenhimmel in der skandinavischen Einsamkeit. Ich beschließe, tief durchzuatmen und weiter zu warten.

»Das Gras wächst nicht schneller, wenn ich daran ziehe«, geht es mir durch den Kopf, und ich muss über mich selbst lächeln. Nicht die schlechteste Strategie.

Plötzlich tauchen sie auf, aus dem Nichts: Aurora borealis – Nordlichter. Zuerst grün, als langer Streifen, bevor sie sich langsam, wie in Zeitlupe, kreisförmig eindrehen und ihre Farbe ins Gelbe wechseln. Ein mystischer Augenblick, voller stiller Faszination. Mir stockt der Atem, ich kann mich nicht sattsehen an diesem Naturschauspiel. Von der Kälte um mich herum merke ich nichts mehr.

In diesem Moment der Stille, unter dem funkelnden Sternenzelt am Polarkreis mit den Nordlichtern vor Augen, erkenne ich, wie viel mehr im Leben möglich ist, wenn wir uns erlauben, anders zu denken und anders zu handeln als gewohnt.

Etwa eine halbe Stunde lang ziehen die Polarlichter ihre Kreise, bevor sie genauso plötzlich verschwinden, wie sie gekommen sind. Das Szenario wirkt wie ein Traum, unwirklich und ist dennoch real. Ich halte es in Beweisfotos fest, für mich selbst. Es ist ein gelebter Traum – und einer der imposantesten Augenblicke meines Lebens.

GRENZEN ÜBERWINDEN

Kurz zuvor habe ich mich bewusst dafür entschieden, meinen langjährigen Traum von den Polarlichtern wahr zu machen: Auf einer monatelangen Reise im Camper durch Europa, gemeinsam mit meinem Mann. Wir starten kurz nach meinem Ausstieg aus dem ZDF, wo ich zuvor 20 Jahre lang als Redakteurin einen sicheren Arbeitsplatz hatte. Unser Reisegefährt ist unser knapp 3,5 Tonnen schweres Wohnmobil namens Happy – sein Name ist Programm. Wir sind während der Pandemie unterwegs, mit großem Abstand zu Menschen und tiefem Respekt vor der Natur. Meist sind wir die Einzigen, die zu dieser Zeit auf der Straße sind. Im Camper sind wir autark: Bett, Bad, Toilette, Herd und Kühlschrank

– alles im Fahrzeug installiert. Campingplätze meiden wir – viele haben coronabedingt ohnehin geschlossen –, stehen stattdessen, wo immer es erlaubt ist, auf Stellplätzen in der Weite der skandinavischen Wälder. Ohne Fernseher, dafür gehören Schneeschuhe und eine Gitarre zum Reisegepäck. Welch ein Freiheitsgefühl!

Mehr als einmal tauchen bei mir Zweifel auf: Was passiert, wenn wir krank werden, an welcher Grenze schickt uns ein Beamter während der Pandemie nach Hause und kommen wir überhaupt in Schnee und Eis mit dem Wohnmobil zurecht?

Doch Zweifel sind keine guten Ratgeber, wenn du deinen Traum verwirklichen möchtest. Also lasse ich mich nicht von ihnen aufhalten. Überraschenderweise verläuft das Überschreiten der Grenzen während der gesamten Reise ohne Probleme, und auch alle anderen Sorgen existieren lediglich in meinem Kopf. Was für eine Zeitverschwendung, vorab viel über eventuelle Schwierigkeiten nachzudenken, anstatt die Reise entspannt anzugehen.

GAME-CHANGER DES LEBENS

Auf Herausforderungen stoßen wir unterwegs jede Menge – was völlig normal ist, wenn du deine sicheren Routinen verlässt und neue Pfade betrittst. Interessanterweise sind es oft ganz andere als erwartet, und wir meistern sie spontan, ohne großes Kopfzerbrechen. Temperaturen von bis zu minus 30 Grad Celsius und Dunkelheit ab 14:00 Uhr im schwedischen Winter sind einige davon. Auch das Sicherstellen existenzieller Bedürfnisse im Wohnmobil, wie Wasser und Wärme, gehört dazu. Unterwegs erfordern sie verschärfte Aufmerksamkeit und viel Zeit. Wir können nur eine limitierte Menge Wasser und Gas mitnehmen, welches wir für Heizung und Kühlschrank benötigen, und müssen beides immer wieder neu organisieren. Das ist im Winter während der Pandemie alles andere als einfach.

Diese Reise mit all ihren Höhen und Tiefen liegt jenseits meiner sicheren Komfortzone. Genau deshalb habe ich mich dorthin auf den Weg gemacht: um das Unbekannte ganz bewusst zu erleben, das Abenteuer außerhalb des täglichen Hamsterrades. Und um herauszufinden, ob ich in der Lage sein würde, meinen Traum von den Polarlichtern zu verwirklichen.

Diese Tour ist der persönliche Game-Changer meines Lebens. Sie macht mir immer wieder aufs Neue bewusst, dass es möglich ist, die eigenen Traumziele zu erreichen, wenn wir an uns glauben, Herausforderungen annehmen und Schritt für Schritt aktiv werden. Egal, ob es darum geht, einen neuen Job anzunehmen, einen Partner fürs Leben zu finden, eine langersehnte Reise anzutreten oder etwas vollkommen anderes. Die Polarlichter leuchten auf meiner Lebensreise weit über meinen Horizont hinaus. Die Begegnung mit ihnen ermutigt mich, alle meine Träume in Angriff zu nehmen, sogar meine große Abenteuertour um die Welt.

Wie ich es geschafft habe, aus dem Hamsterrad auszubrechen und meine Lebensträume für ein glückliches und erfülltes Leben zu verwirklichen? Ich verrate dir meine Strategien, jedoch musst du den Weg selbst gehen und herausfinden, wo er dich hinführt – denn jeder von uns trägt die Verantwortung für sein Glück selbst. Diese Erkenntnis wurde mir während einer Krise in meinem Job bewusst.

2.

Ausstieg aus dem ZDF

ENTSCHEIDUNG

Tränen laufen über mein Gesicht, tropfen von meinem Kinn auf die Unterlagen vor mir. Ich sitze vor dem Schreibtisch meines Chefs und spüre eine unangenehme Spannung. Unerwartet bin ich in die Enge geraten, an diesem 23. Februar 2016 im ZDF – an einem Morgen, der alles verändert.

Mein Chef hat eine Besprechung über Moderationstexte ohne Vorwarnung einen Tag vorgezogen, auf »sofort«. Ich habe nicht zum ersten Mal wie auf Knopfdruck alles stehen und liegen lassen, als er mich ad hoc in sein Büro zitiert. Aber dieses Mal fühlt es sich anders an.

Gleich zu Beginn des Gespräches stellt mein Chef mir Fragen, mit denen ich nicht gerechnet habe: »Frau Morgenthaler, ist etwas Schlimmes bei Ihnen privat passiert? Ist jemand krank oder gestorben? Ich mache mir Sorgen um Sie.« Ich ringe um meine Fassung und verneine.

Mein Chef fügt hinzu, dass er sich nur auf diese Weise den schwerwiegenden Fehler erklären könne, den ich begangen hätte.

Mir bleibt die Luft weg. Für mich ist das der absolute Tiefpunkt meiner bis dahin 16-jährigen Fernsehkarriere. Größer könnten die Abwertung meiner Fähigkeiten und die Geringschätzung meiner Person kaum sein.

In diesem Moment verschiebt sich alles in mir. Es ist ein Punkt erreicht, an dem mir mein angesehener Job beim Fernsehen auf einmal nicht mehr so wichtig ist. Plötzlich ist mir jemand anderes wichtiger: ich! Wie ein Geistesblitz durchzuckt mich meine Intuition: »Lass dich nicht so behandeln. Steh zu dir selbst!« Meine innere Stimme spricht so laut zu mir, dass ich sie nicht überhören kann.

Ich trete aus meiner Opferrolle heraus und mache aus dem Tiefpunkt meiner Karriere im Handumdrehen einen Wendepunkt, der mir damals noch nicht bewusst ist. Es ist wie so oft im Leben – in den schwierigsten Momenten entfalten wir unsere größte Stärke.

Höflich, aber bestimmt widerspreche ich meinem Chef: »Ich glaube nicht, dass mir ein schwerwiegender Fehler unterlaufen ist. Ja, mir ist ein Fehler passiert, dazu stehe ich, das tut mir leid. Aber es ist ein kleiner Formfehler, der leicht korrigiert werden kann und keine gravierenden Folgen hat.«

Es geht um die Themen in einer Moderation, die erst eine Woche später aufgezeichnet wird. Im Intro, der 30-sekündigen Ankündigung der Beiträge zu Beginn der Sendung, hatte ich auf dem Papier die Reihenfolge vertauscht. Wie gewohnt hatte ich zuerst Beitrag eins, danach Beitrag zwei und dann Beitrag drei angekündigt, was wir bis dato immer so gehandhabt hatten. Die Anweisung meines Vorgesetzten in einer Sitzung ein paar Tage zuvor lautete jedoch, die Beiträge ab sofort in der Reihenfolge drei, zwei, eins anzukündigen.

Auf meinen Einwand reagiert mein Chef verständnislos. Er wirkt nicht gerade erfreut darüber, zumal ich seit Monaten um mehr Verantwortung bei der Ausübung meiner Aufgaben gebeten habe, die er stets eng kontrolliert. »Sie wagen es, mir zu widersprechen?«, fragt er und fügt hinzu, dass ich die Einzige in der Redaktion sei, der seine Kontrollen zu streng seien.

Meine Realität ist eine andere: Ich bin mir sicher, dass ich nicht die Einzige bin, die seinen Führungsstil als zu kontrollierend empfindet. Ich bin lediglich eine von wenigen, die dieses Thema vor einiger Zeit bei ihm angesprochen hat.

Nach einem unangenehmen, aber offenen Gespräch über Verantwortung und Kontrolle widmen wir uns schließlich dem eigentlichen Grund unseres Treffens: den Moderationstexten, die mein Chef wie üblich komplett umgeschrieben hat. Mehrere grammatikalische Fehler, die ihm dabei im Text unterlaufen sind, spreche ich in diesem Moment nicht an. Mir ist nicht danach, die Situation weiter zu verschärfen.

Wie jede unangenehme Lage im Leben geht auch diese Besprechung vorbei. Ich verlasse das Zimmer. Den Drang nach frischer Luft verspürend, schleiche ich mich an den Büros meiner Kolleginnen und Kollegen vorbei zum nahegelegenen Ententeich auf dem ZDF-Gelände. Natur hat mir schon immer gutgetan, um durchzuatmen, Abstand zu gewinnen und einen klaren Kopf zu bekommen.

Draußen weicht meine Fassungslosigkeit einer Wut, die sich langsam in eine Klarheit wandelt, wie ich sie selten zuvor erlebt habe. Ich treffe eine unwiderrufliche Entscheidung: Ich werde meine berufliche Situation verändern! Unter keinen Umständen lasse ich mich weiterhin derart abwerten. Weder von meinem Chef noch von einem anderen Menschen.

Und noch etwas wird mir in diesem Augenblick bewusst: Es liegt an mir, eine Veränderung herbeizuführen, sie wird nicht von alleine an meine Tür klopfen. Niemand außer mir selbst ist dafür verantwortlich.

Dieser Morgen wird zu einem Wendepunkt und zum Beginn einer Reise, die mich zu völlig neuen Wegen und zu mir selbst führen wird.

MEIN WEG

Einige Jahre zuvor hatte ich von alldem noch keine Ahnung: weder von diesem Einschnitt noch davon, wie sich mein Job entwickeln würde. Ich begann meine Karriere beim ZDF im Jahr 2000 mit einem Redaktionsvolontariat, einer journalistischen Ausbildung. Anschließend wurde ich übernommen. Anfangs produzierte ich jahrelang als Autorin und Redakteurin Filme und Sendungen für die Formate »reiselust« und »Abenteuer Wissen« im In- und Ausland.

Die ersten zehn Jahre sind ausgefüllt mit faszinierenden Themen, vielfältigen Reisen und interessanten Interviews. Ich gehe in meinem Job auf, arbeite kreativ und selbstständig.

Doch das verändert sich schlagartig mit dem Wechsel in eine neue Redaktion, in der das Einbringen persönlicher Fähigkeiten plötzlich nur noch sehr eingeschränkt möglich ist. Jeder Arbeitsschritt wird vom Chef angeleitet und bis ins Detail überprüft, unabhängig von der Erfahrung des Einzelnen. Zutrauen in die Arbeit der Mitarbeiterinnen und Mitarbeiter ist kaum vorhanden. Statt Vertrauen bestehen engmaschige Kontrollen und Misstrauen. Diese Art der Zusammenarbeit hat wenig mit meinem Verständnis von wertschätzender Arbeit zu tun.

Der Führungsstil beeinträchtigt nicht nur den Workflow, sondern auch die Motivation und das Wohlbefinden im Team. Mir macht die Arbeit unter diesen Bedingungen keinen Spaß mehr, obwohl ich leidenschaftliche Journalistin bin. Ich erfahre, welchen Einfluss eine einzelne Person auf andere Menschen ausüben kann und welche Auswirkungen das mit sich bringt.

Sechs Jahre lang ordne ich mich unter. Gespräche, in denen ich meinen Chef und andere Personalverantwortliche diplomatisch um mehr Verantwortung bitte, bleiben ohne Ergebnis. Es ist an der Zeit, etwas grundlegend zu ändern.

Rückblickend frage ich mich, warum ich nicht schon früher ernsthafte Konsequenzen gezogen habe, denn mein Leidensdruck in dieser Phase ist beachtlich. Dennoch bin ich heute dankbar für diese herausfordernde Zeit. Ich brauchte sie für meine Weiterentwicklung und um den Weg in eine neue Richtung zu wagen.

Parallel dazu beginne ich, an einer völlig anderen Sache zu arbeiten, die schon lange in mir schlummert: meinem Kinderbuchprojekt, mit dem ich Kindern und Tieren helfen möchte. Es entsteht auf der Suche nach etwas Sinnhaftem – ich möchte nicht länger den Erwartungen eines Menschen hinterhereifern, der meine Arbeit nicht anerkennt.

Viele Kolleginnen und Kollegen harren aus, denn unser Chef geht in wenigen Jahren in Rente. Für mich ist das keine Option. Nach dem erniedrigenden Gespräch mit meinem Vorgesetzten möchte ich meine kostbare Lebenszeit nicht länger mit Warten verschwenden, sondern selbstbewusst einen neuen Weg einschlagen.

VERÄNDERUNG

Damit sich meine Situation wirklich wandelt, bin ich gezwungen, aktiv zu werden. Zwar geht es im Leben immer darum, angenehme und unangenehme Gefühle zu akzeptieren, aber auch darum, Situationen, die uns schaden, zu erkennen und nach unseren Kräften zu verändern. Wir alle können unser Leben neu gestalten, unsere Zukunft muss nicht so aussehen wie unsere Vergangenheit. Jeder Mensch ist selbst verantwortlich für das, was er tut, aber auch für das, was er nicht tut. Mehr und mehr werde ich mir dieser Verantwortung bewusst.

Doch was kann ich tun, um mein Leben nach meinen Bedürfnissen auszurichten?

Anfangs hilft mir dabei, mich mit den richtigen Fragen auseinanderzusetzen. »Warum muss ich jeden Tag diesem

Job nachgehen?« ist wenig zielführend. Stattdessen frage ich mich: »Wie möchte ich wirklich leben? Wie finde ich den Mut, das zu tun, was mir entspricht?«

Diese Fragen führen mich zu einer Erkenntnis: Ich möchte mich selbst erkennen, wenn ich in den Spiegel schaue, und nicht die Marionette einer anderen Person. Mehr noch: Ich möchte mich freuen, wenn ich mich selbst im Spiegel sehe, mich mögen. Mir wird klar: Ich werde die ungeliebte Redaktion verlassen und einen Wechsel innerhalb des ZDFs anstreben. Sollte das nicht möglich sein, werde ich eine Auszeit beantragen oder kündigen und den Sender verlassen.

Mit dieser unwiderruflichen Entscheidung fällt es mir plötzlich leicht, die notwendigen Schritte anzugehen: Ich meistere zahlreiche unangenehme Gespräche und bürokratische Schreiben in der öffentlich-rechtlichen TV-Anstalt. Je öfter ich dies tue, desto einfacher wird es. Das ist wie bei allem im Leben.

Meine Entschlossenheit führt auch zu Klarheit bei meinen Vorgesetzten einige Hierarchieebenen höher, die mich als gut ausgebildete Journalistin nicht verlieren möchten.

So gelingt es mir, zunächst eine Auszeit zu nehmen – ich kann meine Arbeitszeit so weit reduzieren, dass ich insgesamt sechs Monate nicht im Büro erscheinen muss. Diese Zeit nutze ich für Reisen und dafür, mein Kinderbuch im Selbstverlag zu veröffentlichen.

Danach ist es mir möglich, in eine andere Redaktion zu wechseln. Ich arbeite für »sonntags«, eine Sendung, die sich der Lebenshilfe und Orientierung verschrieben hat. Es ist ein Unterschied wie Tag und Nacht im Vergleich zur vorherigen Abteilung. Meine neue Redaktionsleitung ist inspirierend, die Themen sind tiefgreifend, und ich kann meine Fähigkeiten wieder voll einbringen.

Parallel nimmt mein Kinderbuchprojekt Fahrt auf: Nebenher halte ich hunderte Lesungen an Grundschulen und Kitas und vermittle tausenden Kindern über Tierfiguren in meinen Büchern Werte wie Mut, Selbstvertrauen und Gelassenheit, die letztlich auch ausschlaggebend für meine Weltreise sind. Das Feedback von Kids, Eltern, Pädagoginnen und Pädagogen ist überwältigend. Diese Arbeit berührt mich tief.

Nach einigen Monaten meldet sich meine innere Stimme wieder. Zuerst nur leise, ich ignoriere sie. Doch sie wird mit jedem Tag lauter und klarer: »Folge deinem Herzen. Geh ›all in‹ mit deinen Büchern.« Kinder und Tiere zu unterstützen, entwickelt sich mehr und mehr zu meiner wahren Leidenschaft, zu meiner Berufung.

MIT SICHERHEIT IN DIE UNSICHERHEIT

Ich stehe an einer Weggabelung, von Zweifeln zerrissen. Mein Herz schlägt mit voller Begeisterung für meine Kinderbücher und die Arbeit für Kinder und Tiere. Mein Verstand hingegen fragt mich, ob ich noch alle Tassen im Schrank habe: »Soll ich wirklich alle Fäden des sicheren Netzes, das ich über Jahre hinweg geknüpft habe, kappen? Mit einem Schlag, zack, alle Sicherheiten weg? Und was passiert dann?«

Bei einem Mittagessen teile ich meine Gedanken mit einem Kollegen, der mich mit seinen Bedenken nicht gerade ermutigt: »Bist du verrückt? Was ist, wenn du als Selbständige nicht genug Aufträge bekommst? Du kannst schnell in die Armut abrutschen. Und wenn dein Mann dich dann verlässt?« Seine Worte treiben mir Schweißperlen auf die Stirn. Vielleicht hat er sogar recht. Ich fange an zu glauben, dass ich *ver-rückt* bin, im Sinne von: aus der Reihe zu tanzen, etwas zu wagen, was die meisten Menschen nicht tun würden.

Mein Umfeld reagiert, von wenigen Ausnahmen abgesehen, mit Unverständnis und Kopfschütteln auf meine Idee, meinen sicheren Fernseh-Job sausen zu lassen. »Das geht nicht«, höre ich mehr als einmal. Ich kann die Menschen verstehen, sie wollen nur mein Bestes. Doch ich mache mir klar, dass das die Grenzen anderer sind, nicht meine eigenen. Gut gemeinte Ratschläge sind oft Rechtfertigungen der eigenen Situation und Versuche, die eigenen Vorstellungen auf andere zu übertragen.

Wie sieht mein einzigartiger Weg aus? Was ist wirklich gut für mich? Was sagt meine innere Stimme? Ich nehme mir einige Wochen Zeit, um diese Fragen in Ruhe zu überdenken. Höre in mich hinein, meinem Verstand und ebenso meiner Intuition zu, wäge alles wieder und wieder gegeneinander ab. Schließlich treffe ich noch einmal eine tiefgreifende Entscheidung. Trotz der Meinungen anderer Menschen und meiner eigenen Zweifel entscheide ich mich bewusst dafür, meinem Herzen zu folgen, mir selbst und meinem Leben zu vertrauen.

Nach 20 Jahren als Redakteurin sitze ich im Büro meines Chefs, in dieser Redaktion ein empathischer Mann. Meine Hände sind verschwitzt, mein Magen rebelliert. Ich blicke ihm nervös in die Augen und verkünde, dass ich den Sender verlassen werde. Ich nehme wahr, wie er nach Luft schnappt – offensichtlich hat er damit nicht gerechnet. Obwohl es mir leidtut, das Team zu verlassen – ich möchte meine Kolleginnen und Kollegen nicht im Stich lassen, insbesondere, da wir uns gut verstehen und wenige Personen die vielfältigen Aufgaben bewältigen müssen –, stehe ich felsenfest zu mir selbst und zu meiner Entscheidung.

Mein Herz verlangt nach Veränderung. Auch wenn es schwerfällt, bleibe ich dabei, meine Bedürfnisse zu erfüllen und nicht die Erwartungen meines Chefs, meines Teams und der vielen anderen Menschen um mich herum, die genau damit nicht gerechnet haben.

Mein Chef zeigt trotz der für ihn ungünstigen Veränderung Verständnis für mich und bestätigt, wie wichtig es ist, dem eigenen Herzen zu folgen. Ich schätze seine Unterstützung sehr.

So stelle ich mit 46 Jahren mein berufliches Leben komplett auf den Kopf und verlasse das ZDF, nachdem ich zwei

Jahre für »sonntags« gearbeitet habe. 2020 steige ich aus, um mich als selbständige Kinderbuchautorin voll und ganz dafür einzusetzen, Kinder und Tiere zu unterstützen. Zu oft habe ich den Kids über meine Tierfiguren erzählt: »Sei mutig, vertraue dir und lebe deine Träume«, sodass ich es selbst nicht länger ignorieren kann.

Mit diesem Schritt verwirkliche ich einen Lebenstraum: Tiere, insbesondere Pferde, sind meine große Leidenschaft. Seit ich denken kann, hatte ich eine besondere Beziehung zu Tieren und wollte ihnen schon immer helfen. Mit meinen Büchern engagiere ich mich daher nicht nur für Kinder, sondern auch für Tiere. Dennoch: Meine Komfortzone und die Sicherheiten meines Arbeitgebers zu verlassen sind gigantische Schritte für mich, verbunden mit diversen Unsicherheiten. Meinem festen monatlichen Gehalt, dem alltäglichen Austausch in der Redaktion und dem gewohnten Tagesablauf den Rücken zu kehren, verlangt mir eine ordentliche Portion Mut, Selbstvertrauen und Widerstandsfähigkeit ab.

Gleichzeitig bin ich aber auch stolz, dass ich es geschafft habe, »nebenbei« mein Standbein als Kinderbuchautorin aufzubauen und bewusst meine eigenen Werte zu leben: meine Einzigartigkeit wertzuschätzen, mir selbst zu vertrauen und alle Widerstände zu überwinden. So gelingt es mir, meine innere Sicherheit zu stärken und in die berufliche Unsicherheit zu gehen. Dieser Schritt bringt letztlich auch eine neue Sicherheit mit sich: dass ich es schaffen kann, diesen neuen Weg zu beschreiten. Mein Ziel ist es, nicht aufzugeben, sondern einmal mehr aufzustehen als hinzufallen und mit Entschlossenheit meinem Herzen zu folgen.

Mit der Zeit stellt sich der Tausch meiner vertrauten Gewohnheiten und meines festen Gehalts gegen berufliche Selbständigkeit und Selbstbestimmtheit für mich als Bereicherung heraus. Denn er bringt mir Erfüllung und Glück. Ich liebe es, Lesungen bei Kindern überall in Deutschland zu geben und ortsunabhängig an meinen Büchern zu schreiben – das ist ein ganz neues Freiheitsgefühl.

Dieser Weg öffnet mir nach und nach neue ungeahnte Türen: Jetzt bin ich frei, weitere Träume zu leben – monatelange Reisen in ferne Länder, die schon lange auf der Bucket-List meines Lebens stehen.

SELBST.BEWUSST.SEIN – EINE WELTREISE BEGINNT IN DIR

Die erste Etappe meiner Reise um die Welt ist die zu mir selbst, zu neuem Selbst.bewusst.sein. Das ist zweifellos die intensivste Reise, die ich jemals unternommen habe. Sie ist nicht immer bequem, aber sie lohnt sich. Sie ist der Anfang von allem, der erste Schritt in ein Leben voller Abenteuer und Selbstverwirklichung.

Was genau bedeutet »Selbst.bewusst.sein«? Dir, deiner selbst, bewusst zu sein. Zu wissen, wer du wirklich bist, wo du stehst und was deine Ziele sind. Dich anzunehmen, so wie du bist, und daran zu glauben, dass du erreichen kannst, was du wirklich möchtest.

Ich habe in Momenten der Unsicherheit neues Selbst.bewusst.sein entwickelt, während meiner beruflichen Krise. Durch nichts bin ich so sehr gewachsen – sie hat eine Veränderung in mir ausgelöst, ohne die ich wahrscheinlich nie meinem Herzen gefolgt wäre. Es war wie das Öffnen einer Tür zu einer neuen Welt, die mir ermöglicht, Entscheidungen zu treffen, die mich zu meinen Träumen führen. So wie meine Weltreise, auch wenn diese anfangs unerreichbar schien. Sie begann in mir, so, wie alles in uns beginnt.

Wie es möglich ist, ein solches Selbst.bewusst.sein zu entwickeln? Für mich ist dafür essenziell, Klarheit über meine Werte zu gewinnen, über das, was mir wirklich wichtig ist und mir guttut, und auch über das, was mir nicht guttut. Diese Werte habe ich während meiner beruflichen Neuorientierung bewusst für mich definiert, mit dem Ziel, sie auch durch meine »Friedolins Freunde«-Bücher an Kinder weiterzugeben. Bestärkt hat mich dabei der Gedanke eines Freundes, der einmal zu mir sagte: »Wenn du etwas in dieser Welt positiv verändern willst, wende dich nicht an Politiker, sondern an Kinder.« Meine Werte sind mein Leitfaden für Glück. Sie haben mich nicht nur aus dem ZDF geführt, sondern einmal um die Welt.

3.

Friedolins Freunde – Werte als Leitfaden für Glück

Mit meinem Kinderbuchprojekt »Friedolins Freunde« habe ich meinen persönlichen Weg gefunden, Kindern und Tieren zu helfen: Die Hälfte des Gewinns aus dem Buchverkauf spende ich für ausgewählte Tierschutzprojekte – bislang einen fünfstelligen Betrag. Gleichzeitig vermittle ich Kindern über die Bücher und bei Lesungen meine Werte für ein glückliches und erfülltes Leben – verpackt in sechs Tierfiguren. Jedes Tier gibt eine spezielle Botschaft weiter:

- Friedolin, das verträumte Schaf: »Lebe deine Träume!«
- Lora, der schräge Vogel: »Sei einzigartig!«
- Picky Pig, das quirlige Schwein: »Folge deinem Herzen!«
- Pieps, die abenteuerlustige Maus: »Entdecke dich und die Welt!«
- Karla, die weise Schildkröte: »Bleib gelassen!«
- Harry the horse, das mutige Pferd: »Sei mutig und vertraue dir!«

Die einzelnen Charaktere transportieren diese Leitgedanken nicht nur an Kinder, sondern zeigen auch, wie man sie umsetzen kann: mutig zu werden, inneren Frieden zu finden und dem eigenen Herzen zu folgen. Sie vermitteln Selbstvertrauen und wecken das Bewusstsein für die eigene Einzigartigkeit sowie die anderer Lebewesen. Und sie helfen, Träume zu verwirklichen – sogar eine Weltreise.

LEBE DEINE TRÄUME

»Lebe deine Träume! In Träumen kannst du dir die schönsten Dinge vorstellen. Wenn du gut planst und sie in kleinen Schritten wahr machst, kannst du deine Träume leben.«

Die Worte von Schaf Friedolin sind unmissverständlich. Sie umzusetzen, ist nicht einfach. Doch Träume sind wichtig. Es sind Visionen von den Dingen in unserem Leben, die uns erfüllen. Sie zeigen uns, wie wir uns unser Leben wirklich wünschen.

Oft wird die Realität sogar noch besser, als wir sie uns erträumen. Bei mir war das so, als ich mit einem Kooperationspartner den ersten Band meines Kinderbuches auf Ukrainisch übersetzt und 1000 Exemplare an Flüchtlingskinder verschenkt habe. Oder als ich während meiner Weltreise Lesungen vor hunderten von Kindern in Schulen auf der Südseeinsel Tonga gehalten habe. Das hätte ich mir in meinen kühnsten Träumen nicht vorstellen können, und doch ist es Realität geworden.

Wie funktioniert es, die eigenen Träume zu leben?

Für mich sind drei Voraussetzungen wesentlich:

Bewusstheit

Unsere Träume bewusst machen!

Alles, was unser Leben heute ausmacht, sind die Ergebnisse unserer Gedanken. Das, worauf wir unseren Fokus richten, gewinnt an Bedeutung – am besten konzentrieren wir uns also bewusst auf unsere Träume. Ich nehme mir regelmäßig Zeit dafür, schreibe sie auf und denke jeden Morgen direkt nach dem Aufwachen ein paar Minuten über meine Träume nach.

Was würde ich tun, wenn ich wüsste, dass ich nicht scheitern könnte? Was, wenn Geld keine Rolle spielen würde? Diese Fragen helfen dabei, deinen Träumen auf die Schliche zu kommen.

Entscheidend ist das Wie, nicht das Ob. Wenn wir uns fragen, wie wir unsere Träume wahr machen und Herausforderungen überwinden können, sind wir bereits auf dem Weg zur Lösung.

Was sind deine Träume?

Mindset

Ziele setzen statt Grenzen!

Unsere innere Einstellung, unser Mindset, spielt eine zentrale Rolle für unser Leben und dafür, unsere Ziele zu erreichen. Voraussetzung ist, in eine positive Richtung zu denken, die uns motiviert und unseren Träumen näherbringt.

Oft geben wir unsere Träume mit unzähligen »Ja, aber« und negativen Gedanken jedoch schon auf, bevor wir sie zu Ende geträumt haben. Daher ist es wichtig, unsere Gedanken zu beobachten, festgefahrene Überzeugungen aufzudecken und langfristig unser Ziel im Blick zu halten, anstatt uns auf ein Problem zu konzentrieren. Nach Lösungen suchen anstatt nach Ausreden.

Das gelingt durch Übung: indem wir negative Gedanken durch positive ersetzen, von »Ich kann das nicht« zu »Ich kann das« oder »Ich kann das lernen«, immer wieder, jedes Mal.

Dafür brauchen wir eine starke Willenskraft, eine felsenfeste Entschlossenheit, mit der wir uns durch nichts und niemanden von unserem Ziel abbringen lassen, erst recht nicht durch uns selbst. Unser Warum hinter unserem Traumziel hilft uns dabei, besonders in schwierigen Zeiten. Es ist mit starken Emotionen verbunden, mit Leidenschaft und Begeisterung.

Warum brennst du für deinen Traum?

Umsetzung

Einfach machen!

Träumen allein reicht nicht. Ob wir unsere Träume verwirklichen, steht und fällt damit, aktiv ins Handeln zu kommen, auch wenn nicht alles perfekt ist. Das ist es nie. Am besten legen wir sofort los und warten nicht darauf, bis wir in Rente gehen oder jemand anderes unsere Träume erfüllt. Genau jetzt ist der richtige Moment, selbst den ersten kleinen Schritt zu gehen, der Rest rüttelt sich auf dem Weg zurecht. Wenn wir erst einmal unterwegs sind, entwickeln wir uns weiter und gewinnen Sicherheit. Große Träume in kleinere Etappenziele zu unterteilen, macht es einfacher.

Wichtig ist, kontinuierlich dranzubleiben – möglichst jeden Tag, auch wenn es nur zehn Minuten sind. Unser Traumziel zu erreichen ist ein Prozess, der Zeit braucht und erfordert, niemals aufzugeben, durchzuhalten, bis wir Erfolg haben. So wie Thomas Edison – er hat angeblich 3000 Versuche gebraucht, bis er die Glühbirne zur Marktreife entwickelt hatte.

Wann setzt du deine Träume um?

SEI EINZIGARTIG

»Sei einzigartig!« Mit dieser Botschaft erinnert der schräge Vogel aus meinen Kinderbüchern daran, dass jedes Lebewesen etwas Besonderes ist. Und jeder Moment auch.

Oft vergleichen wir uns mit anderen oder versuchen, es anderen Menschen recht zu machen – und verbiegen uns dabei selbst. Es gehört zu unserer Einzigartigkeit dazu, uns abzugrenzen – respektvoll, aber bestimmt klarzumachen, was uns wichtig ist, und danach zu handeln.

Nein zu sagen, wenn wir etwas nicht möchten, ist ein Ja zu uns selbst. Wir können es ohnehin nie allen recht machen.

»SELBST WENN DU ÜBERS WASSER LAUFEN KANNST, KOMMT JEMAND UND FRAGT, OB DU ZU BLÖD BIST ZUM SCHWIMMEN.«

Diese Redewendung motiviert mich immer wieder, meinen eigenen Weg zu finden. Andere Menschen zu respektieren und deren Einzigartigkeit anzuerkennen, ist wichtig. Doch ebenso bedeutend ist es, uns selbst wertzuschätzen und die eigene Einzigartigkeit zu leben.

Ich habe nie bereut, dass ich trotz vieler Zweifler selbstbestimmt meine einzigartige Richtung eingeschlagen habe. Heute kann ich stolz von mir behaupten, dass ich liebe, was ich tue, und tue, was ich liebe. Und dafür liebe ich mich selbst!

FOLGE DEINEM HERZEN

»Folge deinem Herzen!«, ermutigt das quirlige Schwein.

Aber was bedeutet das genau?

Unser Herz bestimmt unseren Lebensrhythmus und ist das Symbol für das, was wir lieben. Darauf zu hören heißt, unserer Intuition zu vertrauen, die uns ermöglicht, Situationen subjektiv einzuschätzen, ohne Überlegungen des Verstandes. Mit ihr können wir sekundenschnell Entscheidungen treffen, auch wenn wir nicht alle Fakten kennen. Sie warnt uns vor Gefahren oder gibt uns Sicherheit, indem sie auf Millionen Erfahrungen und Gefühle aus unserem Unterbewusstsein zugreift. Folgen wir unserem Herzen, nutzen wir also unsere tiefen Gefühlsschichten.

Unser Verstand hingegen leitet uns an, basierend auf dem, was wir von außen, von anderen Menschen beigebracht bekommen haben – auf dem sichersten und bequemsten Weg. Mit ihm regt uns unser Gehirn an, bewährte Gewohnheiten beizubehalten, möglichst energiesparend, um unser Überleben zu sichern – genau das ist seine Hauptaufgabe. Nicht jedoch, uns glücklich zu machen. Deshalb kosten Veränderungen viel Kraft und Energie.

Worauf hören wir nun, auf das Herz oder den Verstand? Eine gute Balance aus beiden ist für mich die beste Strategie. Indem wir zunächst ehrlich herausfinden, was unsere Herzensbedürfnisse sind: auf Aktivitäten, Menschen und Entscheidungen achten, bei denen wir uns lebendig fühlen – dabei unsere Emotionen einbeziehen und spüren, was wir brauchen und was nicht.

Danach können wir unseren Verstand nutzen, um Lösungen zu finden, unsere intuitiven Impulse umzusetzen und uns zu unseren Träumen zu führen.

ENTDECKE DICH UND DIE WELT

Die kleine Maus ist ein großer Abenteurer. Mit dem Motto »Entdecke die Welt!« fordert sie dazu auf, die Wunder unserer Erde zu erleben.

Abwechslung zählt zu unseren zentralen Grundbedürfnissen. Die meisten Menschen streben irgendwann danach, die gewohnten Strukturen zu durchbrechen und herauszufinden, wie vielfältig unser Leben und unsere Erde sind. Dazu ist es nötig, etwas anders zu machen als üblich.

»DIE DEFINITION VON WAHNSINN IST, IMMER WIEDER DAS GLEICHE ZU TUN UND ANDERE ERGEBNISSE ZU ERWARTEN.«

Dieses Zitat, das oft fälschlicherweise Albert Einstein zugeordnet wird, inspiriert mich immer wieder neue Wege zu entdecken. Doch die Welt zu erkunden muss nicht bedeuten, auf große Reise zu gehen. Wir können auch zuhause Neues erleben – sei es durch einen neuen Job, das Lernen eines Instruments, das Ausprobieren einer Sportart oder etwas völlig anderes.

Neugierig und offen die Möglichkeiten des Lebens zu ergründen – am besten solche, auf die wir richtig Lust haben – wirkt belebend und macht glücklich.

BLEIB GELASSEN

Die weise Schildkröte steht in meinen Büchern für Gelassenheit. Auf dem Weg zu meinen Zielen hat sie mir stets geholfen, besonders vor und während meiner Weltreise.

Gelassenheit ist eine innere Einstellung. Wir können uns dafür entscheiden, uns in herausfordernden Situationen ruhig zu verhalten.

Ursache für Stress oder Gelassenheit sind unsere Gedanken, mit denen wir unsere Gefühle erzeugen. Mit ihnen ist es möglich, selbst im größten Chaos inneren Frieden zu finden.

Schaffen wir es, öfter gelassen zu bleiben, erreichen wir unsere Ziele mit größerer Wahrscheinlichkeit, weil wir weniger gestresst sind und nicht so leicht aufgeben. Außerdem sind gelassene Menschen gesünder und glücklicher.

Es gibt viele Wege zur Gelassenheit, hier sind diejenigen meiner Schildkröte:

- Akzeptieren, dass manche Dinge mehr Zeit benötigen, und nicht versuchen, sie zu beschleunigen.
- Reflektieren, welche Konsequenzen Ungeduld hat – sie löst weder Stress noch einen Stau auf.
- An die eigene Fähigkeit glauben, Herausforderungen bewältigen zu können.

- Regelmäßig Sport und Bewegung.
- Zeit in der Natur verbringen.
- Entspannungstechniken wie Yoga, Meditation oder Atemübungen praktizieren.
- Beruhigende Musik hören.

Ein universelles Patentrezept für Gelassenheit gibt es nicht, jeder muss für sich selbst herausfinden, was am besten funktioniert.

Mir persönlich hilft neben Sport besonders Meditation, zur Ruhe zu kommen. Anfangs konnte ich mir nicht vorstellen, stillzusitzen und in mich hineinzuhören. Doch während meiner beruflichen Krise habe ich zahlreiche Bücher dazu gelesen, Podcasts angehört und es einfach ausprobiert – manchmal nur ein paar Minuten. Es hat mich belastbarer und gelassener gemacht.

SEI MUTIG UND VERTRAUE DIR SELBST

»Sei mutig und vertraue dir! Du schaffst fast alles, was du wirklich möchtest, aber du musst es wollen und fest an dich glauben!«, lautet die Botschaft meines Pferdes. Anfangs ängstlich, befreit es sich mit Mut und Selbstvertrauen aus jeder misslichen Lage und läuft zur Höchstform auf.

Genau das können wir auch trainieren, denn Mut und Selbstvertrauen sind erlernbar. Unser Selbstvertrauen wächst, wenn wir an unsere Fähigkeiten glauben und uns unsere Erfolge vor Augen führen. Indem wir selbst kleine Erfolge täglich aufschreiben, belegen wir unsere Stärken und unsere Fähigkeit, Neues zu bewältigen. Es geht nicht darum, ein völlig anderer Mensch zu werden, sondern das Beste aus uns herauszuholen.

»IN 20 JAHREN WIRST DU MEHR ENTTÄUSCHT SEIN ÜBER DIE DINGE, DIE DU NICHT GETAN HAST, ALS ÜBER DIE DINGE, DIE DU GETAN HAST.« – MARK TWAIN

Ängste und Sorgen gehören zum Leben dazu, sie schützen uns. Es ist wichtig, sie liebevoll anzunehmen, aber sie sollten nicht unsere Entscheidungen bestimmen und unsere Träume begrenzen. Situationen, vor denen wir uns fürchten, zu vermeiden, verstärkt unsere Angst. Hilfreich ist es, uns ihr zu stellen. Auch mutige Menschen haben Angst, handeln aber trotzdem.

Wir können lernen, mutig zu werden, indem wir uns klarmachen, wovor genau unsere Angst uns schützen möchte, und folgende Fragen beantworten: Was ist das Schlimmste, das passieren kann, wenn das, was ich tun möchte, nicht klappt? Wie kann ich damit umgehen? Und auch: Wie geht es mir, wenn ich es nicht versuche – verpasse ich dann die Chance meines Lebens?

Wenn wir unsere Ängste überwinden, stärken sie uns, wir wachsen an ihnen und sind frei, unser volles Potenzial zu leben.

Diese Werte meiner Tierfiguren sind meine Leitlinien für Glück und begleiten mich durch mein Leben, besonders intensiv vor und während unserer Reise um die Welt.

So viel zu meinen Strategien – und nun zur großen Abenteuertour! Innerlich beginnt sie, ein halbes Jahr bevor mein Mann Kay und ich ins Flugzeug steigen.

4.

Countdown bis zur Weltreise

FAKTEN SCHAFFEN

Es ist der 12. August 2022. Ich stehe am Steuer eines kleinen Segelbootes auf dem kroatischen Mittelmeer und lasse meinen Blick über das türkisblaue Wasser schweifen. Der Horizont erscheint unendlich weit, eine sanfte Brise streicht über mein Gesicht, und die Sonne wärmt meine Haut. Ich hänge meinen Gedanken nach und könnte entspannter nicht sein – bis mich mein Mobiltelefon jäh aus meinen Träumen reißt. Es präsentiert mir eine E-Mail mit folgendem Inhalt:

»Wir freuen uns, Ihnen mitzuteilen, dass wir das offizielle Platzangebot der Austauschschule für Ihren Sohn erhalten haben.«

Wow! Ich merke, wie mein Körper sich von einer Sekunde auf die andere aus dem Entspannungsmodus in einen Zustand der Aufregung katapultiert. Mein Herz klopft und mein Bauch kribbelt, als hätte ich einen Ameisenhaufen verschluckt.

Schlagartig sind Träume zu knallharten Fakten geworden. Ich teile die Nachricht mit Kay und unserem Sohn, mit denen ich gerade ein paar Tage Urlaub verbringe.

Unser damals 16-jähriger Sohn hat soeben die Zusage für einen sechsmonatigen Auslandsaufenthalt an einer Schule in Neuseeland erhalten. Damit wird sein großer Traum wahr: Er wird für ein halbes Jahr in einer neuseeländischen Gastfamilie leben und eine örtliche Schule besuchen. Anfang des kommenden Jahres geht es los.

Die Information schlägt ein wie ein Blitz. Verständlich, sie ist hochgradig emotionsgeladen. Riesige Vorfreude, Aufregung und Abenteuerlust breiten sich aus. Doch gleichzeitig verursacht der Gedanke, unseren Sohn ein halbes Jahr lang nicht zu sehen, bereits jetzt ein beklemmendes Gefühl bei mir. Ganz unerwartet. Mitten im Urlaub, mitten auf dem Mittelmeer, mitten in meinen Gedanken. Manchmal geht es schnell.

An Bord haben wir Zeit, die Neuigkeit sacken zu lassen. Es dauert keine zwei Minuten, bis Kay und ich gleichzeitig begreifen, was das für uns beide bedeutet: Auch wir könnten in diesen sechs Monaten unterwegs sein. Eine Weltreise steht schon lange auf unserer Bucket-List des Lebens. Unser Sohn trägt mit seinem Auslandsaufenthalt dazu bei, dass wir uns diesen Wunsch nun zeitnah erfüllen können. Wir sind uns schnell einig: Wir werden in wenigen Monaten unsere Reise um den Planeten antreten.

VORBEREITUNGEN FÜR EINE TOUR UM DEN PLANETEN

Zurück von unserem Urlaub greift der Alltagstrott schnell wieder um sich. Die Organisation des Schulhalbjahres für unseren Sohn in Neuseeland hat oberste Priorität, da es konkrete Arbeitsaufträge seitens der Schule und der vermittelnden Agentur gibt, die wir innerhalb bestimmter Fristen erledigen müssen. Damit sind wir gut beschäftigt, und unsere Weltreise schwebt vorerst mit vielen unbeantworteten Fragen in unseren Köpfen herum. Anfangs ist nur der Zeitraum klar: Wir starten ein paar Wochen nachdem unser Sohn Mitte Januar auf die Reise geht und kehren sechs Monate später zurück. Irgendwann kommt die Idee auf, gemeinsam mit ihm nach Hause zu fliegen. Damit ist das Endziel unserer Weltreise gesetzt: Neuseeland.

Einige Wochen ziehen ins Land, bis Kay und ich uns im November endlich mit unserer Tour um den Erdball auseinandersetzen. Höchste Eisenbahn, drei Monate später soll es bereits losgehen.

Welche Länder besuchen wir? Wie werden wir reisen? Was möchten wir erleben? Und was nehmen wir mit? Eine nicht enden wollende Anzahl von Fragen taucht in mir auf, die aufgrund der vorangeschrittenen Zeit eine gewisse Nervosität mit sich bringen. Aber wir arbeiten sie nach und nach ab.

Doch gerade wenn wir eine Sache geklärt haben, zeigen sich neue Themen. Zeitweise sind es so viele, dass es sich anfühlt, als würde mich ein Gummiband zurückziehen, wenn ich denke, ich sei einen Schritt vorangekommen. Doch dann erinnert mich die kleine Schildkröte aus meinen Kinderbüchern daran, gelassen zu bleiben und darauf zu vertrauen, dass wir alles rechtzeitig auf die Reihe bekommen werden.

Trotz einer gewissen Unruhe lasse ich mir die Vorfreude nicht nehmen. Es macht mir einen Riesenspaß, alle Unsicherheiten bewusst in Klarheit umzuwandeln und unseren großen Traum in die Realität umzusetzen.

Allein das Buchen der Flugtickets ist eine logistische Meisterleistung. Es nimmt Tage in Anspruch, denn wir nutzen Round-the-World-Tickets, die Kay vor Jahren als beruflicher Vielflieger über Bonusmeilen gesammelt hat und die schon lange bei uns herumliegen. Jetzt lösen wir sie endlich ein.

Alle Flüge auf unserer Weltreise sind damit für uns kostenfrei, nur die Flughafengebühren müssen wir bezahlen. Allerdings beschränkt sich die Auswahl an Flugmöglichkeiten durch unsere Bonusmeilen erheblich. Wir dürfen nur in eine Richtung um die Erde fliegen, entweder gen Westen oder gen Osten. Wir dürfen maximal zehn einzelne Flüge nehmen, und viele Verbindungen sind für unseren Tarif tabu. Zu unserem späten Buchungstermin bekommen wir oft nur solche Flüge, die von zahlenden Passagieren nicht genutzt werden. Es gestaltet sich kompliziert.

Zehn Wochen vor der Abreise telefonieren wir zwei Tage lang immer wieder mit einem Mitarbeiter von Miles and More, der mit einer Engelsgeduld stundenlang mögliche Flugoptionen für uns checkt.

»Karibik? Tut mir leid, das geht nicht! Peru? Dorthin gibt es einen Flug für Sie, aber leider keine Möglichkeit, wieder wegzukommen. Japan? Fidschi? Samoa? In diese Länder habe ich keine Flüge für Sie. Das Einzige, was ich im Südpazifik anbieten kann, ist Tonga!«

Die Planung kommt mir vor wie ein riesiges Puzzle, für das ich eine ordentliche Portion Geduld brauche. Glücklicherweise sind wir bei der Auswahl der Reiseländer flexibel. Dann fliegen wir eben nach Tonga – sehr gerne sogar. Was für ein Abenteuer!

Es ist Nikolaus, als es klick macht, wir das letzte Teil des Flugpuzzles einfügen können und die gesamte Route steht: Sie führt ab Mitte Februar ein halbes Jahr lang einmal um die Welt, immer Richtung Westen: fast fünf Wochen nach Costa Rica, knapp sechs Wochen in den Westen der USA, dreieinhalb Wochen in das pazifische Königreich Tonga und danach zehn Wochen nach Neuseeland. Dort verbringen wir den Südwinter und die letzten drei Wochen gemeinsam mit unserem Sohn. Über Singapur geht es schließlich zu dritt Richtung Westen zurück nach Deutschland.

Ich freue mich riesig und bin stolz wie Oskar, als wir nach beträchtlichem organisatorischem Aufwand erneut Fakten für unsere Weltreise geschaffen haben und ich die Tickets in meinen Händen halte. »Kneif mich mal«, sage ich zu Kay, denn ich kann es kaum glauben, dass wir unsere Tour um den Planeten gerade auf die Beine gestellt haben.

In der folgenden Nacht unterbrechen Zweifel meinen Schlaf. Was, wenn meinen Eltern oder unserem Sohn etwas passiert, während wir unterwegs sind? Was, wenn wir ausgeraubt werden? Oder einer krank wird?

Ich stoppe die düsteren Fantasien und erinnere mich im Halbschlaf daran, dass die allermeisten Sorgen niemals wahr werden. »Es wird alles gut gehen, und für den Fall, dass etwas Schlimmes passiert, greift Plan B und wir fliegen dorthin, wo unsere Hilfe gebraucht wird.« So lenke ich meine Gedanken entschlossen in eine positive Richtung.

Mitte Dezember sind immer noch viele Fragen offen: Wie sieht unsere Reise in den einzelnen Zieldestinationen aus? Wo übernachten wir? Wie bewegen wir uns vor Ort fort?

Die genauen Routen in den einzelnen Ländern planen wir nur grob im Voraus. Wir möchten möglichst frei auf unsere Bedürfnisse und die Gegebenheiten vor Ort eingehen, einfach unterwegs sein und nah bei den Einheimischen.

Unterkünfte organisieren wir nur für die ersten Tage nach der Ankunft, nutzen öffentliche Verkehrsmittel und mieten einen Leihwagen für die erste Zeit in Costa Rica sowie Camper für die Aufenthalte in den USA und Neuseeland. Auf Campingplatz-Reservierungen verzichten wir, um flexibler zu sein. Stattdessen wollen wir lieber möglichst nah an der Natur übernachten und nutzen eine App, die alle möglichen Stellplätze anzeigt.

Ohne Routenplan und mit nur wenig vororganisierten Unterkünften unterwegs zu sein, bringt neben Freiheit und Flexibilität allerdings auch eine gewisse Unsicherheit mit sich. Wir wissen nicht, was uns in den einzelnen Ländern erwartet. Das finde ich spannend und nehme es gerne in Kauf. Ich möchte mich bewusst raus aus meiner Komfortzone bewegen, mich auf unbekannte Situationen einlassen und meine Grenzen austesten.

Die Organisation von Flugtickets und Leihwagen ist nur die halbe Miete. Zuhause gibt es auch alle Hände voll zu tun, um sicherzustellen, dass unsere Reise reibungslos verläuft. Obwohl der Countdown Ende Dezember ordentlich vorangeschritten ist, versuche ich, mich nicht aus der Ruhe bringen zu lassen und mich auf Etappenziele zu konzentrieren: Ein paar Wochen vor Abreise beantrage ich einen neuen Reisepass und besorge eine Langzeit-Auslandskrankenversicherung, einen internationalen Führerschein sowie mehrere Visa.

Gemeinsam verteilen Kay und ich die Aufgaben, wer sich um Haus und Pflanzen kümmern und meinen Kinderbuchvertrieb übernehmen wird. Netterweise erklären sich unsere Eltern und Freunde bereit, uns zu unterstützen, auch wenn sie nicht gerade um die Ecke wohnen. Anfragen für Kinderbuchlesungen während unserer Weltreise lehne ich schweren Herzens ab.

Anstatt, wie bei meinen Lesungen, Kinder über Schaf Friedolin nach ihren Träumen zu fragen, setze ich mir zum Ziel, Menschen überall auf der Welt zu ihren Glücksgeheimnissen und Träumen zu interviewen, um später darüber ein Buch zu schreiben – dieses Buch. Dafür besorge ich kurz vor der Abreise kleine Ansteckmikrophone.

Als diese Aufgaben abgehakt sind, stellt sich eine neue Herausforderung: Was passiert mit meinem Auto, wenn wir weg sind? Ich melde es aus Kostengründen für ein halbes Jahr ab. Das löst allerdings nicht das Problem, wo wir es unterbringen können. Die Garage ist vollgestopft mit allerlei Krimskrams. Meinen Wagen für sechs Monate an der Straße abzustellen, ist keine gute Option.

Da sich wie oft durch Abwarten von selbst keine Lösung auftut, krempeln wir kurzentschlossen die Ärmel hoch und verteilen das Zeug aus der Garage um: Gartentisch, Stühle und Regale finden im Wohnraum Platz und die Fahrräder quetschen wir in den Keller. Ein Teil der Sachen muss dort bleiben, wo er ist. Ein Auto wird schon irgendwie noch hineinpassen.

»Du schaffst fast alles, wenn du fest daran glaubst«, rede ich mir Mut zu. Wir räumen und schieben, und als ich schon ziemlich kaputt davon bin, manövriert Kay den Wagen schließlich millimetergenau zwischen Leitern und Rasenmäher in die Garage. Bekommen wir das Tor noch zu? Beim ersten Versuch nicht. Ich staple erneut Eimer und Gartenwerkzeuge fast so geschickt wie eine Jongleurin übereinander und nebeneinander und gewinne dadurch einige Zentimeter Platz. Passt es jetzt?

Beim Schließen des Tores halte ich die Luft an. Mit einem »Rums« geht es zu. Na also, geht doch. Auch wenn nicht einmal eine Ameise sich hätte zwischen Tor und Fahrzeug hindurchzwängen können.

Ähnlich ergeht es uns mit unserer Tiefkühltruhe im Keller. Auch sie ist gut gefüllt, allerdings mit Lebensmitteln anstelle von Krimskrams. Kurzerhand starten wir vor Weihnachten das »Projekt Tiefkühltruhe«. Unser Plan: ihren Inhalt vor unserer Reise leer zu essen, um sie vom Strom zu nehmen und Energie zu sparen. Doch das ist leichter gesagt als getan. Als wir uns immer weiter zum Grund durchfuttern, entdecken wir Schätze aus längst vergangenen Zeiten. Obwohl das Haltbarkeitsdatum vor einigen Monden abgelaufen ist, verspeisen wir alles, was noch genießbar erscheint. Lebensmittel wegzuwerfen, kommt für uns nicht infrage.

Zwei Wochen vor unserer Abreise erreichen wir schließlich auch dieses Ziel: Die Truhe ist leer, unsere Bäuche sind voll – wir ziehen stolz den Stecker aus der Steckdose. Meine Vorfreude wächst mit jeder erledigten Aufgabe.

ES REIST SICH EINFACHER MIT LEICHTEM GEPÄCK

Kurz vor dem Start kann mich selbst das Thema Gepäck nicht mehr aus den Socken hauen, auch wenn es tiefgreifende Fragen mit sich bringt. Es geht darum, welche Klamotten für ein halbes Jahr in verschiedenen Klimazonen auf vier Kontinenten praktikabel sind: Wir erwarten Temperaturen um die 30 Grad während der Trockenzeit in Costa Rica, frühlingshaftes Wetter in den USA, Winter in Neuseeland und tropisch-heißes Klima in Singapur – also von allem etwas. Die Gewichtsbegrenzung meiner Reisetasche liegt bei 23 Kilogramm. Neben den nötigsten Anziehsachen quetsche ich zwei meiner Kinderbücher und Friedolin, das Stoffschaf, hinein. Damit folge ich meiner inneren Stimme, auch wenn ich beim Packen noch nicht die leiseste Ahnung habe, wofür es gut ist und ob ich die Bücher unnötig einmal um den Globus schleppen werde.

Ansonsten helfen mir grundsätzliche Fragen beim Sortieren meines Reisegepäcks: »Was brauche ich wirklich?«, und: »Was brauche ich nicht?« Oft tragen wir unnötigen Ballast in unserem Rucksack mit uns herum. Deshalb ist es wichtig, ehrlich hinzuschauen und zu klären, was uns belastet und was wir besser aussortieren. Das betrifft nicht nur die Tasche für unsere Weltreise, sondern gleichermaßen unsere Lebensreise. Fest steht: Mit leichtem Gepäck, sowohl physisch als auch mental, reist es sich deutlich einfacher.

Das mentale Gepäck führt mich bereits, lange bevor es losgeht, durch ein Wechselbad der Gefühle: durch Begeisterung und Vorfreude, aber ebenso durch schmerzhafte Abschiedsemotionen.

ABSCHIED

Ein Trip um die Welt erfordert mehr als nur organisatorische Vorbereitungen. Selbst für eine Reise voller Träume und Abenteuer brauchst du das nötige mentale Rüstzeug und einen unbeirrbaren Glauben an dich selbst sowie an deine Beziehung zu deinem Partner. Auch wenn es traumhaft klingt, einfach ist der Weg nicht. Obwohl ich durch mein Kinderbuchprojekt selbst viel über Selbstvertrauen und Gelassenheit gelernt habe, stellen die Abschiede vor unserer langen Reise in der Praxis eine enorme Herausforderung für mich dar.

Monate vor dem Start schleichen sie sich ein, als schmerzhafter Prozess, der vor der Reise deutlich intensiver ist als unterwegs. Abschiede von Eltern, Freunden und Tieren – sie alle sind für mich tiefgreifend und berührend.

Der schmerzlichste Moment ist der Abschied von unserem Sohn. Schon das Weihnachtsfest kurz vorher ist zwar feierlich, aber auch bedrückend. In den Tagen bevor seine Reise losgeht, unternehmen wir als Familie gemeinsame Ausflüge und gehen zusammen essen. Jeder Moment ist kostbar, da der Countdown bis zum endgültigen Abschied unaufhaltsam tickt.

Es ist eine besondere, bewegende Zeit. Ich spüre, wie sich meine Wahrnehmung der geliebten Person verändert, weil ich weiß, dass ich sie eine lange Zeit nicht sehen werde. Die Liebe zu meinem Sohn fühlt sich intensiver und präsenter durch das Bewusstsein an, dass seine monatelange Abwesenheit bevorsteht.

Zwei Tage vor seinem Abflug ertappe ich mich plötzlich mit Halsweh. Ich möchte ihn nicht anstecken, also halte ich Abstand. Zu seinem Besten, auch wenn es mich wirklich nervt.

Mitte Januar ist es dann so weit – der große Abschied ist da: Kay und ich lassen unseren Sohn für sechs Monate ziehen. Ich weiß, dass er bereit ist für diese Reise und dass er wertvolle Erfahrungen sammeln wird. Dennoch erwischt mich der Trennungsschmerz hart, trotz aller Vorfreude – auch wenn ich es mir anders vorgenommen hatte.

Beim Frühstück bekomme ich kaum einen Bissen herunter. Das Gefühl, unseren 16-jährigen Sohn auf seine weite Reise zu schicken, ist in diesem Moment für mich einfach nur traurig, besonders, da er ans andere Ende der Welt verschwindet.

Unser Sohn ist tapfer, doch seine Unsicherheit und sein blasses Gesicht verraten mir, dass auch er gerade dabei ist, seine Komfortzone zu verlassen. Als er sich am Flughafen durch die Sicherheitskontrolle entfernt, ist das der schmerzhafteste Augenblick für mich. Nachdem ich ihn selbst mit langgerecktem Hals nicht mehr sehen kann, lasse ich meinen Tränen freien Lauf. Ich vermisse ihn jetzt schon, obwohl er sich gerade erst ein paar Schritte in Richtung Neuseeland auf die Reise begeben hat.

In diesem Augenblick spüre ich: Liebe bedeutet, Menschen, die dir am Herzen liegen, gehen zu lassen und sie dabei zu unterstützen, ihre eigenen Träume zu leben. Auch wenn es schwerfällt – Liebe lässt los.

Nach dem Abschied unseres Sohnes erweist sich ein festgelegter Plan für den Tag als hilfreich. Kay und ich stapfen auf einer Wanderung stundenlang durch eine tief verschneite Winterlandschaft im Taunus. Die Bewegung in der Kälte tut gut. Sie lenkt mich ab und hilft mir, meine Emotionen herunterzukühlen.

Doch schon wenige Tage später lässt Traurigkeit mein Herz erneut schwer werden. Der Abschied von meinen Eltern steht bevor. Das Loslassen macht sich mit einem mulmigen Gefühl in meiner Magengegend bemerkbar.

Ein letzter Besuch, bevor wir ein halbes Jahr um die Erde reisen. Wir reden lange, klären alles, was es noch zu besprechen gibt, übergeben Zimmerpflanzen. Als wir abfahren, winken meine Eltern uns nach. Kay ruft tröstend aus dem Auto: »Wir kommen ja wieder.« – »Hoffentlich sind die beiden dann auch noch da – genauso gesund und munter wie in diesem Moment«, geht es mir durch den Kopf. Was für ein bewegender Augenblick.

Besonders ergreifend ist auch die Trennung von meiner Stute Queenie. Sie ist anders als der Abschied von einem Menschen. Ich erzähle ihr von meiner Reise und dass ich wiederkommen werde. Aber ich bin mir nicht sicher, ob sie mich versteht. Obwohl ich weiß, dass sie in einer Herde lebt und bestens versorgt ist, schmerzt es mich, sie zurückzulassen. Als ich mich von ihr abwende, spüre ich, wie sich mein Herz zusammenzieht.

Die vielen Abschiede stimmen mich nachdenklich. Sie reihen sich in den Wochen vor unserem Start aneinander, wie Perlen auf einer Kette. Jeder einzelne kostet Kraft und Energie. Doch es führt kein Weg daran vorbei: Sie sind bitterer, aber notwendiger Bestandteil des Gesamtpakets unserer Weltreise. Loslassen ist unvermeidbar. Nicht nur von geliebten Menschen und Tieren, auch von unserer vertrauten Situation zuhause – von allem.

In der emotionalen Abschiedsphase hilft mir regelmäßiges Joggen, loszulassen und meine innere Balance zu finden. Außerdem nehme ich mir bewusst Zeit für mich. Ich fokussiere mich morgens 20 Minuten darauf, was ich wie an einem Tag erreichen möchte, und nehme Unruhe bewusst wahr. Das gibt mir Kraft, Energie und Kontrolle über meine Gefühle, die in dieser Zeit besonders stark sind.

Unsicherheit, Abschiedsschmerz, Freude und Begeisterung – sie alle sind Begleiter vor und während unserer Weltreise. Ich gebe allen bewusst Zeit. So bin ich frei, meine Träume zu leben.

Nach all den emotionalen Höhen und Tiefen und intensiven Vorbereitungen bin ich schließlich gewappnet für unsere Reise um die Welt. Endlich ist die Countdown-Zeit vorbei, und ich stehe am Anfang einer Expedition, die mein Leben verändern wird. Unsere Weltreise ist mehr als eine aufregende Tour rund um die Erde – sie ist auch eine innere Entdeckungsreise und eine Suche nach Glück, sowohl bei mir selbst als auch bei Menschen in fremden Kulturen.

5.

Zum Glück um die Welt

Mein Wecker klingelt um 7:00 Uhr früh, ich bin schon lange wach. Ausgeschlafen ist anders – die Nacht war, wie so viele in den letzten Wochen, nicht besonders erholsam. Das stört mich aber nicht weiter.

Es ist Montag, der 13. Februar 2023, ein außergewöhnlicher Tag in meinem Leben. »Heute starten wir auf unsere sechsmonatige Weltreise!«, fährt es mir durch den Kopf. Ich kann es selbst noch nicht richtig fassen. Nach all dem Planen und den aufwühlenden Emotionen der vergangenen Monate geht unser großes Abenteuer endlich los! Was für ein Glück!

Ich bin aufgeregt und fühle eine unglaubliche Freude in mir aufsteigen. In wenigen Augenblicken setzen wir unseren großen Traum in die Tat um! Yes!

Ich bin so zappelig, dass ich mich immer wieder extrem darauf konzentrieren muss, die letzten Erledigungen sorgfältig abzuschließen: Heizung und Wasser ausschalten, WLAN-Router abziehen, Müll rausbringen.

Schließlich der ungefähr tausendste Check: Habe ich alle Reiseunterlagen für die gesamte Tour im Rucksack? Meinen Eltern hatte ich vorsorglich eine Kopie geschickt, um für den Notfall während unserer langen Reise auf eine Reserve zugreifen zu können.

Dann ziehe ich endlich die Haustür hinter mir zu, drehe den Schlüssel im Schloss zweimal nach links und ziehe meine Tasche hinter mir her. Es geht los! Um 8:40 Uhr stehen wir mit unserem Gepäck an der Straße und warten.

Für 8:45 Uhr hatte ich am Vorabend ein Taxi bestellt, das uns zum Flughafen bringen soll. Doch davon ist weit und breit keine Spur zu sehen. Um 8:45 Uhr nicht. Um 8:50 Uhr nicht. Und auch nicht um 8:55 Uhr.

»Na super, das geht ja prima los. Wir sind nicht besonders weit gekommen, gerade mal bis vor die Haustür«, überlege ich halb genervt, halb belustigt.

Direkt zu Beginn also eine Geduldsprobe. Bitteschön, davon lasse ich mich nicht einschüchtern. Kay und ich haben uns darauf eingestellt, dass bei einer monatelangen Reise um die Welt nicht alles glattgehen wird und wir für jedes Problem eine passende Lösung finden werden. Dann eben direkt vor der Haustür eine kleine Herausforderung. Zum Üben. Damit kann ich umgehen.

Ich zücke mein Handy und wähle die Nummer der Taxizentrale. »Morgenthaler? Nein, für Sie haben wir keine Reservierung im System, aber ich schicke ein Fahrzeug zu Ihnen raus«, höre ich die Stimme am anderen Ende der Verbindung sagen. Mich wundert das zwar, weil ich am Vorabend extra nachgefragt hatte, ob das Taxi auch sicher bei uns erscheinen würde, aber ich bedanke mich freundlich und lege auf. Meine aufsteigende Ungeduld wandle ich in null Komma nichts in Gelassenheit um, worauf ich stolz bin.

25 Minuten später als geplant hält tatsächlich ein Taxi an unserer Bordsteinkante, das uns weitere 25 Minuten später am Frankfurter Flughafen abliefert. Glücklicherweise haben wir genügend Zeit eingeplant.

Beim Check-in am Automaten kommt es erneut zu Verzögerungen. Die Maschine nimmt einfach unsere Daten nicht an und spuckt nur Fehlermeldungen aus. Ladehemmungen. Eine Servicekraft schickt uns ausnahmsweise zu einem Schalter mit einem echten Menschen. Ich bin erleichtert. Die freundliche Dame kann den Fehler nach einigen Telefonaten und mit reichlich Geduld irgendwann beheben und uns doch noch einchecken.

Sie schafft es sogar, den Computer mit irgendwelchen mir unerklärlichen Tricks so weit zu bezirzen, dass er zumindest bei den Langstreckenflügen veganes Essen für mich abspeichert. Das hatte ich zuvor für alle zehn Flüge um die Welt zwar auch selbst angemeldet, aber offenbar ohne Erfolg. Nun ist es zumindest für die langen Flüge eingebucht.

Geschafft. Um 12:30 Uhr sitzen wir im Flieger. Die Beschleunigung drückt mich sanft in den Sitz, als die Maschine beim Start Geschwindigkeit aufnimmt, bevor sie abhebt. Ein unbeschreibliches Glücksgefühl überkommt mich. Ich schwebe im siebten Himmel, das Flugzeug brauche ich dafür gar nicht.

Während des Fluges versuche ich zu realisieren, dass das gerade tatsächlich passiert. Ich bin aufgeregt und voller Vorfreude auf alles, was kommt. Zunächst Costa Rica, rund 10 000 Kilometer Richtung Westen. In Bogotá, Kolumbien, gibt es einen Zwischenstopp nach ungefähr zwölf Stunden und leichten Turbulenzen. Weitere zwei Stunden Wartezeit am Flughafen später und mit zunehmend tieferen Augenringen, aber bester Laune, steigen wir in Bogotá ins Flugzeug nach San José, der Hauptstadt Costa Ricas. Um ein Uhr nachts Ortszeit haben wir costa-ricanischen Boden unter den Füßen. Nach deutscher Zeit ist es inzwischen 7:00 Uhr morgens, also exakt 24 Stunden nachdem mich zuhause der Wecker aus dem Bett geholt hat.

Trotz Müdigkeit holen wir zu dieser nachtschlafenden Uhrzeit den Mietwagen ab und fahren damit zu unserer Unterkunft. Nicht direkt, zuerst fahren wir an dem kleinen Bed-and-Breakfast-Hotel vorbei, weil die Gegend so düster wirkt, dass wir glauben, wir hätten uns in der Adresse geirrt. Doch sie ist korrekt. Also drehen wir um und erreichen endlich unser Hotel für die erste Nacht: eine schlichte, kleine Unterkunft in der Nähe des Flughafens.

»Einen Stellplatz haben wir nicht, aber zwei Blocks weiter gibt es einen bewachten Parkplatz, ich empfehle Ihnen, Ihr Fahrzeug dort abzustellen«, sagt eine junge Frau hinter einem Schreibtisch in einem winzigen Durchgangsraum, der offenbar die Rezeption darstellt. Die Parkgebühren können wir mit Karte bezahlen. Sehr gut, denn Bargeld haben wir noch nicht. Wir laden unser Gepäck aus, suchen den beschriebenen Parkplatz, finden ihn hinter einem beeindruckend hohen Zaun mit Stacheldraht und laufen unsicher durch die Dunkelheit zurück zu unserem Hotel. Die Eingangstür ist abgeschlossen, sicherheitshalber. Die Dame hinter dem Schreibtisch schließt uns auf und zeigt uns unser Zimmer.

Es ist klein, aber fein, mehr als ein Bett passt nicht hinein. Das ist auch völlig ausreichend. Mehr brauche ich nicht, denn ich möchte jetzt nur noch eins: schlafen. Inzwischen sind wir mehr als 26 Stunden auf den Beinen.

Mit zufallenden Lidern nehme ich gerade noch das Faultier wahr, das kunstvoll auf die Wand über dem Bett gemalt ist. In freudiger Erwartung, das Original in natura anzutreffen, falle ich erschöpft und dankbar in den wohlverdienten Schlaf. So fühlt es sich also an, wenn ich meinen Traum lebe, zumindest in diesem Moment.

Am nächsten Morgen, nach ein paar Stunden Nachtruhe und einer warmen Dusche – das Bad teilen wir uns mit anderen Gästen –, genießen wir ein köstliches, typisch costa-ricanisches Frühstück: »Gallo Pinto«, Reis mit Bohnen und Ei. Dazu gibt es Früchte und einen Kaffee. Wir sitzen in einem winzigen Innenhof unter einem wunderschönen Baum. Die Menschen um uns herum sind unglaublich freundlich und hilfsbereit.

In diesem Augenblick komme ich an, in Costa Rica und in mir selbst. Es fühlt sich großartig an!

Das ist erst der Anfang, aber ich spüre bereits jetzt, dass diese Reise mein Leben bereichern wird. Mit einem Lächeln und aufgeregt hüpfendem Herzen mache ich mich bereit für all die Abenteuer, die vor uns liegen.

COSTA RICA: PURA VIDA

Reiche Küste

Unser Tag beginnt mit den notwendigsten Erledigungen: Bargeld abheben und eine lokale SIM-Karte für unsere Handys besorgen. Eine lokale SIM-Karte ist unterwegs die beste und günstigste Option, um mit Familie und Freunden in Kontakt zu bleiben. Sie zu beschaffen ist in San José unkompliziert.

Schwieriger gestaltet es sich, Bargeld abzuheben, denn der Geldautomat weigert sich beharrlich, mit der Karte meines Mannes zu kooperieren. Meine eigene Karte habe ich im Hotel gelassen. Kein Problem, finden wir, dann werden wir ohne Bargeld auskommen, bis wir einen anderen Bankomaten finden.

San José, die Hauptstadt, ist nicht unbedingt ein Highlight – es gibt wenig besondere Sehenswürdigkeiten und in Reisepodcasts hatte ich gehört, dass die Attraktionen des Landes außerhalb dieser Stadt zu finden sind. Deshalb setzen wir unsere Reise noch am selben Tag Richtung Norden fort.

Während wir durch die Orte fahren, zeigt sich ein unerwartetes Bild: Häuser und Schulen sind hinter Zäunen und Eisengittern verbarrikadiert. Türen und Fenster sind mit dicken Gitterstäben gesichert, was den Häusern einen Gefängnischarakter verleiht. Offensichtlich eine Maßnahme, um Einbrüche zu verhindern.

Das überrascht mich, denn die Menschen wirken sehr freundlich, und ich hatte vorher etwas ganz anderes über die friedliche Tradition des Landes gelesen: Costa Rica ist eine der wenigen Nationen, die ihre permanenten Streitkräfte abgeschafft hat und seit 1949 keine formelle Armee mehr besitzt. Es gibt die »Guardia Civil«, bewaffnete Polizei, die für den Schutz der Grenzen und der inneren Sicherheit zuständig ist. Anstatt in militärische Ausgaben zu investieren, setzt das Land auf Bildung, Gesundheit und soziale Programme.

Wir fahren weiter und passieren zahlreiche Erdbeerplantagen. Wer hätte gedacht, dass auf diesem Flecken Erde Erdbeeren angepflanzt werden?

Unser Ziel ist der Vulkan Poás. Der ist jedoch von einer dichten Wolkendecke verhüllt und sieht an diesem Nachmittag gar nicht ein, sich für uns zu zeigen.

Kurzentschlossen besuchen wir stattdessen mehrere spektakuläre Wasserfälle in der Umgebung. Costa Rica ist bekannt dafür. Besonders der Wasserfall La Paz hat es mir angetan. Das Wasser stürzt sich hier 37 Meter in die Tiefe. Sein Getöse ist so laut, dass ich meine eigenen Worte kaum verstehe. Also lausche ich lieber andächtig dem Wasser, das eine berauschende Wirkung auf mich hat und meinen Kopf so richtig frei spült. Es klingt, als würde die Natur hier ihre eigene Melodie spielen.

Ein nahegelegenes Naturreservat beherbergt über 100 verschiedene Tierarten, darunter viele gerettete Tiere, die aus illegaler Haltung stammen und hier ein liebevolles Zuhause gefunden haben. Sie sind an Menschen gewöhnt und können nicht mehr ausgewildert werden.

Der Eintritt ist zwar, wie fast überall in Costa Rica, für Touristen um ein Vielfaches höher als für Einheimische, doch wir nehmen den Preis in Kauf und den Ort genauer unter die Lupe. Er bietet einen guten Einblick in die Natur und die tierischen Bewohner des kleinen mittelamerikanischen Landes. Ich begegne Lebewesen, die ich noch nie zuvor in natura gesehen habe: Majestätische Schlangen, verspielte Agutis, farbenfrohe Tukane – und sogar ein verschlafenes Faultier hängt an einem Ast, denkt aber nicht daran, sich zu bewegen und mir sein Antlitz zu zeigen. Ich könnte nicht einmal sagen, wo bei diesem Fellknäuel der Kopf ist. All diese exotischen Kreaturen, die in Costa Rica beheimatet sind, faszinieren mich, besonders die winzigen Kolibris. Von den 53 Kolibri-Arten, die im Land leben, sind viele nicht größer als mein Daumen und leuchten in schillernden Farben.

Einige sind kleiner als die Schmetterlinge, die in allen Formen und Farben um uns herumfliegen: Der riesige Blaue Morphofalter aus den Regenwäldern Mittel- und Südamerikas hat eine Flügelspannweite von bis zu 15 Zentimetern. Nachdem er sich aus seinem Kokon gequetscht hat, lebt er gerade mal drei Wochen. Um diese Zeit zu überstehen, ist er Meister der Tarnung. Blitzschnell schließt er seine Flügel, und seine unscheinbare Unterseite schützt ihn vor Fressfeinden.

»Gut, dass ich mich auf dieses Abenteuer eingelassen habe. Allein dieser erste Tag ist eine Bereicherung«, denke ich, während ich versuche, grüne Frösche auszumachen, die sich geschickt zwischen den Blättern von Pflanzen tarnen, sodass ich sie mit bloßem Auge kaum erkennen kann.

Costa Rica gilt als grünes Paradies, und ich verstehe langsam, warum. Obwohl das Land nur etwa so groß ist wie die Schweiz, bietet es eine Vielfalt an Schätzen und landschaftlicher Schönheit: Seine Küsten säumen sowohl die Karibik als auch den Pazifischen Ozean. Tiefgrüne Regenwälder ziehen sich über Berge und vorbei an qualmenden Vulkanen. Fast ein Drittel des Landes besteht aus Nationalparks und steht unter Naturschutz.

Die Costa Ricaner spiegeln ihren Stolz auf diese einzigartige Natur in jedem Lächeln und jeder freundlichen Geste wider. Fünf Millionen Einwohner leben hier, diejenigen, denen ich begegne, sind mehr als hilfsbereit und heißen uns herzlich willkommen.

Der erste Tag unserer Weltreise endet erfüllt von neuen Eindrücken und unvergesslichen Erlebnissen. Costa Rica, die »reiche Küste«, macht ihrem Namen alle Ehre. Für mich ist es Liebe auf den ersten Blick.

Außergewöhnliche Anhalterin

Am nächsten Tag starten wir einen erneuten Versuch, den Poás-Vulkan zu besichtigen. Die beste Chance, ihn ohne Wolkendecke zu sehen, ist morgens. Um kurz vor acht Uhr stehen wir mit unserem Leihwagen vor dem verschlossenen Tor des Poás Nationalparks. Zwei weitere Fahrzeuge und eine junge Frau ohne Auto warten mit uns darauf, dass das Tor um acht Uhr geöffnet wird. Ansonsten gibt es nichts und niemanden hier oben. Nur die Kälte ist greifbar, ein eisiger Wind pfeift uns um die Ohren.

Plötzlich gesellt sich die junge Frau zu uns und bittet um eine Mitfahrgelegenheit. »Klar, kein Problem«, stimme ich ohne zu zögern zu. Sie steigt ein und sofort entwickelt sich ein intensives Gespräch. Olivia, geschätzt Ende zwanzig, lebt in der Umgebung von Quebec in Kanada und reist allein durch Costa Rica. Heute ist ihr letzter Tag hier, fünf Wochen war sie unterwegs. Einen Teil davon hat sie ehrenamtlich als Freiwillige in einer Hunderettungsstation gearbeitet, bei freier Kost und Logis. Olivia erzählt uns von ihrer Liebe zu Tieren und zum Reisen. Kurz vor ihrem Trip nach Costa Rica hat sie ihren sicheren und gut bezahlten Job im Transportsektor bei der Bahn an den Nagel gehängt. Dabei hatte sie sich einige Jahre zuvor etliche Male dafür beworben, bis sie ihn endlich bekam. Ihre Geschichte klingt spannend und erinnert mich an meine eigene.

Die kurze Fahrt bis zum Parkplatz vergeht viel zu schnell, als dass wir unser Gespräch in Ruhe zu Ende führen könnten. Also wandern wir gemeinsam den Weg zum Hauptkrater. Ich bin gespannt, ob wir ihn sehen können.

Der Poás imponiert mir. Der Schichtvulkan ist bis heute hoch aktiv. Sein letzter großer Ausbruch war 2017, danach war er für anderthalb Jahre für Besucher gesperrt. Ich bin beeindruckt von den Unterständen an mehreren Stellen des Weges. Sie sehen ähnlich aus wie Bushaltestellen aus dickem Beton und bieten für den Fall eines erneuten Ausbruchs Schutz.

Der Hauptkrater des Poás zählt zu den größten weltweit: Er ist 300 Meter tief und sein Durchmesser misst fast 1,5 Kilometer. Doch leider sehen wir davon nicht viel. Das Wetter macht uns erneut einen Strich durch die Rechnung. Dicke Wolken hüllen den Krater ein und wir können den gigantischen Kratersee im Hauptschlund nur vage erahnen. Er stößt giftige Schwefeldämpfe aus, Leben existiert in seiner unmittelbaren Nähe nicht.

Ich bin nicht traurig, als wir die Aussichtsplattform in über 2500 Metern Höhe und eisiger Kälte verlassen, nachdem wir eine Weile vergeblich darauf gewartet haben, dass sich die Wolkendecke auflöst. Wir beschließen stattdessen, einen der nahegelegenen Wanderwege des Nationalparks zu erkunden.

Mein Interesse gilt Olivia und ihrer außergewöhnlichen Lebensgeschichte: »Wieso hast du deinen begehrten Job aufgegeben, den du zuerst unbedingt haben wolltest?«, führe ich unser Gespräch aus dem Auto fort.

Die Kanadierin schildert offen ihren mutigen Schritt, sich von gesellschaftlichen Erwartungen zu befreien und ihren eigenen Bedürfnissen zu folgen. »Ich hatte genug davon, Dinge zu tun, die ich nicht tun wollte. Damit war ich nicht glücklich. Ich möchte nicht von 9:00 Uhr bis 17:00 Uhr einem Bürojob nachgehen, 40 Stunden die Woche. Damit ging es mir nicht gut. Mein Traum war schon immer, zu reisen«, verrät die Abenteurerin.

»Den richtigen Zeitpunkt für einen solchen Schritt gibt es nie. Also habe ich jetzt einfach getan, was ich tief in mir schon lange tun wollte«, berichtet sie. Viele Menschen in ihrem Umfeld äußerten ihr Unverständnis für diesen Schritt, und auch dafür, dass sie sich alleine auf die Reise nach Costa Rica begeben hat. Doch das ist ihr inzwischen egal.

»Geld kannst du immer irgendwie verdienen, aber was du nicht verdienen kannst, ist Zeit. Die läuft unaufhaltsam ab«, sagt Olivia nachdenklich. Ihre Worte beschäftigen mich noch immer, als wir gemeinsam den Vulkan wieder hinabfahren zum nächsten Ort. Unterwegs begegnen wir zwei weiteren jungen Frauen, die ihre Daumen raushalten.

Nach einem kurzen Lagecheck, ob die Rückbank neben Olivia und einer Kiste Lebensmittel Platz für zwei weitere Personen bietet, trete ich auf die Bremse.

Kurze Zeit später sitzen neben der Kanadierin zusätzlich zwei Französinnen bei uns im Auto. Wir verstehen uns auf Anhieb bestens. Auch sie wollen ihren großen Traum vom Reisen leben und haben sich zunächst für acht Wochen auf den Weg durch Mittelamerika gemacht. Die Fahrt wird zu einem lebhaften Austausch von Träumen und Abenteuern.

Als unsere drei Mitfahrerinnen aussteigen, bin ich sehr dankbar für diese Begegnungen. Der Tag hat sich anders entwickelt als geplant, doch er ist eine Bereicherung für mich. Die Offenheit und Entschlossenheit dieser Frauen bestätigen mir, wie wichtig es ist, die eigenen Grenzen zu überschreiten und das zu tun, was mein Herz mir sagt.

Kein Geld

Kay und ich schauen uns mit großen Augen an. »Das ist jetzt nicht wirklich passiert, oder?«, flüstere ich ungläubig. Vor wenigen Sekunden hat der Bankomat in La Fortuna, einem größeren Ort mitten im Landesinneren, Kays Kreditkarte verschluckt und macht keinerlei Anstalten, sie wieder herauszurücken. Da nützen auch Bitten und Fluchen nichts. Wenigstens ist es mitten am Tag und der Geldautomat gehört zu einer Bank, die geöffnet ist. Kay wirkt nervös, was selten vorkommt. Ich warte draußen, während er die Bank betritt, um den Angestellten das Problem zu schildern.

Drinnen wird er aufgefordert, ein Formular auszufüllen und seinen Reisepass vorzuzeigen. Dann dauert es eine halbe Ewigkeit, bis eine Vorgesetzte endlich den Bankautomaten mit einem Schlüssel öffnet, die ersehnte Karte befreit und sie Kay mit den Worten »Ihr Konto ist leer« zurückgibt.

»Leer?«, wiederhole ich ungläubig. Das kann doch nicht sein. Wir versuchen es an einem anderen Bankomaten im Ort, aber wieder ohne Erfolg. Dabei brauchen wir dringend Bargeld für die nächste Unterkunft. Seit unserer Ankunft vor einigen Tagen haben wir immer noch keinen Cent Cash im Portemonnaie.

Ich krame umständlich meine Kreditkarte aus dem Rucksack, schiebe sie in den Schlitz der Maschine, tippe meine Geheimzahl und einen Betrag ein und starre das Gerät erwartungsvoll an. Es surrt und klappert, dann spuckt es ein Bündel Banknoten aus. Wir sind erleichtert, zumindest haben wir mit meiner Karte die Möglichkeit, Geld abzuheben. Mit Kays Karte funktioniert dies aufgrund eines Kartenfehlers für den Rest unserer Reise nicht mehr. Zuhause würden wir in einem solchen Fall einfach eine neue Karte beantragen. Unterwegs, ohne feste Postadresse für längere Zeit, ist das leider keine Option. Deshalb schätzen wir es umso mehr, ein paar Geldscheine in den Händen zu halten.

Geldkunstwerk

Noch nie zuvor habe ich solche faszinierenden Banknoten gesehen wie in Costa Rica. Es sind wahre Kunstwerke.

Schwierig finde ich allerdings, dass der kleinste Schein bei 1000 beginnt. Zahlen waren noch nie meine Stärke, damit möchte ich lieber nichts zu tun haben. Deshalb bin ich ursprünglich Journalistin geworden – natürlich auch, weil Schreiben und Geschichtenerzählen meine Leidenschaften sind und ich als Fernsehjournalistin auch an Bildern meine Freude habe. Die springen mir bei der costa-ricanischen Währung direkt ins Auge. Das offizielle Zahlungsmittel ist der Colón, benannt nach Christoph Kolumbus, auf Spanisch »Cristóbal Colón«. Die Währung wurde 1897 eingeführt und ersetzte den Peso.

Am liebsten würde ich die Banknoten behalten, anstatt sie auszugeben, dafür sind sie viel zu schön. Auf den knallbunten Scheinen leuchten mir verschiedene Tiere des Landes entgegen: Faultiere, Affen und Kolibris. Das Dumme ist nur, es gibt nur 1000, 2000, 5000, 10 000 und höhere Scheine. Mit diesen Beträgen geht ein kompliziertes Umrechnen einher. Ein Euro entspricht nämlich rund 593 Colón oder andersherum, ein Costa-Rica-Colón ist ungefähr 0,0017 Euro wert. Noch Fragen?

Beim Zählen meiner Colón-Scheine fühle ich mich hier schnell wie eine Millionärin, zumindest klingen die Zahlen astronomisch. Für Euro trifft das leider nicht zu.

Damit ich nicht komplett den Überblick verliere, ist der Währungsrechner mein bester Freund. Mit ihm funktioniert es deutlich schneller, mir unwirklich hoch erscheinende Summen durch 593 zu teilen, als ich es im Kopf jemals könnte.

Auch ohne Rechner ist aber offensichtlich: Costa Rica ist für südamerikanische Verhältnisse kein günstiges Reiseland. In letzter Zeit entdecken es immer mehr Besucher, vor allem aus den USA, Kanada und Europa. Das spiegelt sich auch in den Preisen wider.

Wir halten unsere Ausgaben für Unterkünfte und Essen gering, indem wir oft in schlichten Hostels übernachten und in Sodas, einfachen Lokalen der Einheimischen, essen. Und selbst dort gebe ich die tierisch bunten Geldscheine aus Costa Rica nur mit besonderer Achtsamkeit aus.

Wie finanziere ich eine Weltreise?

Die Frage nach der Finanzierung einer Weltreise begegnet mir oft unterwegs. Eine eindeutige Antwort zu finden ist nicht einfach, denn die Kosten sind so vielfältig wie die verschiedenen Reisebedingungen vor Ort. Sie hängen unter anderem davon ab, ob du unterwegs arbeitest, um die Reise mitzufinanzieren, sowie vom Anspruch an Komfort und Erlebnisse.

Fakt ist: Eine Weltreise erfordert mehrere Tausend Euro, besonders eine längere Reise. Doch sie muss nicht astronomisch teuer sein. Wer einmal vor Ort in einem Reiseland angekommen ist, kann dort je nach Destination und Reisestil günstiger leben als zuhause.

Es gibt verschiedene Möglichkeiten, die Ausgaben im Rahmen zu halten:

- Backpacker-Hostels bieten nicht nur einfache, sondern auch preisgünstige Unterkünfte, oft mit geteilter Küche und Gemeinschaftsbädern.
- Reisen zu zweit verringert Kosten für Unterkünfte und Leihwagen pro Person.
- Wer an Prämiensystemen von Fluggesellschaften teilnimmt oder mit einer bestimmten Kreditkarte bezahlt, kann auf diese Weise Flugtickets ansparen.
- In einigen Ländern bietet es sich an, einen Camper zu mieten. Je nach Saison und Modell kannst du damit preiswert fahren. Oft gibt es auch Angebote für vergünstigte Überführungsfahrten von einer Mietstation zu einer anderen in einer anderen Stadt. Wer kostenfreie Stellplätze ohne Strom- und Wasserversorgung per App ansteuert, spart Campingplatzgebühren.
- Die Lebenshaltungs- und Reisekosten variieren stark, je nach Reiseland und -saison. Einige asiatische Länder sind extrem preiswert.

- Viele Backpacker sind mit Work-and-Travel-Programmen unterwegs. Plattformen wie »Workaway« vermitteln Jobs bei verschiedenen Gastgebern oder Organisationen. Die Arbeit wird oft nicht oder gering bezahlt, dafür sind Unterkunft und Verpflegung frei.
- Ein anderer Weg ist über »TrustedHousesitters« ein Haus oder eine Wohnung (und Haustier) kostenfrei zu hüten, während die Besitzer selbst unterwegs sind. Dagegen bieten bei »Couchsurfing« private Gastgeber Reisenden kostenfrei einen Schlafplatz nach der Devise »Teilen statt Konsumieren«, während sie selbst vor Ort sind.
- Wer Auto und Telefon abmeldet und die Wohnung kündigt oder untervermietet, kann zuhause Kosten reduzieren.

Trotz dieser Sparmöglichkeiten erfordert eine Weltreise ein bestimmtes Budget. Allein den regulären Job zu pausieren oder zu kündigen, wirkt sich finanziell aus. Aber es gibt Möglichkeiten, dies auszugleichen, etwa durch das Ansparen von Gehalt in den Jahren vor der Reise. Manche Arbeitgeber bieten an, beispielsweise drei Jahre für drei Viertel des Gehalts voll zu arbeiten und anschließend ein Jahr bezahlt frei zu nehmen. Alternative Möglichkeiten, Geld zu erwirtschaften, sind zum Beispiel durch Onlinearbeiten als digitaler Nomade, durch Immobilien oder an der Börse. Unterwegs haben wir die unterschiedlichsten Menschen mit vielen individuellen Finanzierungsmodellen getroffen.

Wichtig ist, für jeden die passende finanzielle Gestaltung durchzurechnen und einen machbaren Reisestil für sich und das eigene Portemonnaie zu finden.

Die entscheidende Frage ist für mich jedoch die nach dem Wert einer Weltreise mit all ihren gewinnbringenden Erlebnissen und Begegnungen mit Menschen, Kulturen und in der Natur. Momente voller Lebenserfahrungen, die für sich sprechen. Solche Augenblicke sind für mich unbezahlbar.

Das Leben leicht nehmen

Es ist 19:00 Uhr, das kleine Restaurant in der abseits gelegenen Lodge nahe der Stadt La Fortuna ist fast bis auf den letzten Platz besetzt. Der einzige Kellner hat alle Hände voll zu tun und läuft permanent hin und her. Schweißperlen zeichnen sich auf seiner Stirn ab: Er bedient, kassiert und räumt Tische ab. Es scheint, als habe er tausend Hände.

Als er uns erblickt, nickt er freundlich zu uns rüber, weist uns einen Tisch zu und begrüßt uns strahlend mit einem »Pura Vida«.

»Pura Vida« – diese Worte höre ich oft in Costa Rica, zu verschiedenen Anlässen. Es ist ein Gruß, ein Abschied, aber auch eine Antwort auf die Frage »Wie geht's?«. Die Bedeutung hängt von der Betonung und der jeweiligen Situation ab.

David, ein Mitarbeiter unserer Unterkunft, erzählt mir, dass die Menschen sogar in schwierigen Momenten, wenn ein Unglück passiert, »Pura Vida« sagen, um zu verhindern, dass sich Negativität in ihren Geist oder ihre Sprache einschleicht.

Wörtlich übersetzt heißt es »reines Leben«. Doch »Pura Vida«, das ist mehr als nur Worte. Dahinter steckt das Lebensgefühl der Ticos, der Einwohner Costa Ricas. Für sie ist es Ausdruck von Lebensfreude, Zufriedenheit und Dankbarkeit für das, was das Leben zu bieten hat. Es spiegelt auch ihre Liebe zur Natur wider.

»Es verkörpert unsere positive Lebenseinstellung, das Leben zu genießen, ganz gleich unter welchen Umständen. Nur wir Costa Ricaner verwenden es auf diese Weise«, berichtet David und sein Stolz darüber ist nicht zu übersehen.

»Pura Vida« bedeutet für die Ticos eine Wertschätzung des Lebens und das, was jeder daraus macht. Diese Einstellung scheint sich zu bewähren. Costa Rica zählt nicht nur zu den grünsten Ländern der Welt, sondern auch zu den glücklichsten. Die Lebenserwartung der Einwohner ist hoch. Ihre lockere und freundliche Art fällt mir überall auf. Die Menschen hier wirken entspannter und sorgenfreier, als ich es von zuhause kenne, sogar wenn sie im Stress sind, wie der Kellner im Restaurant.

Ihm begegne ich am nächsten Morgen auf dem Weg zum Auto wieder. Es regnet in Strömen, er duckt sich unter einen Regenschirm und zuckt die Achseln.

»Pura Vida«, rufe ich ihm strahlend entgegen und genieße den Regen, der ohne Schirm auf mich niederprasselt. Die Augen des Kellners leuchten und seine Mundwinkel verziehen sich zu einem breiten Lächeln. Er freut sich, dass ich die Lebensphilosophie seiner Kultur wertschätze: »Einfach leben, die Dinge gelassen sehen.« Ich beschließe, diese Lebenseinstellung mit auf unsere weitere Weltreise zu nehmen, und auf meine Lebensreise. Pura Vida – das macht glücklich!

Vital alt werden

Neben dem imposanten Riesen wirke ich winzig, beinahe unbedeutend. Seine majestätische Höhe von über 30 Metern überragt mich um ein Vielfaches und stellt auch seinesgleichen in den Schatten. Mächtige Wurzeln geben ihm seit Jahrhunderten Halt. Seit geschätzten 400 Jahren wächst er am Fuße des Vulkans Arenal. Wir begegnen ihm eher zufällig auf einer Tour durch den Regenwald.

»El Ceibo« wird dieser gigantische Baum genannt, ein Seidenbaum. Er lässt mich staunen und ehrfürchtig innehalten. Die Ureinwohner der Region verehren den Ceiba-Baum als heilig und sagen ihm spirituelle Eigenschaften nach. Er gilt als Symbol für Leben, Wachstum und Verbindung zwischen Himmel und Erde.

Als ich entlang seines Stammes hoch in die Baumkrone blicke, kommt mir das einleuchtend vor. Ich werde nachdenklich, und mir gehen viele Fragen durch den Kopf:

»Warum hebt er sich derart von den anderen ab? Was macht ihn zu einem solch herausragenden Wesen inmitten seiner Artgenossen?« Und, vielleicht die wichtigste Frage: »Wie bleibt er so vital und zeitlos?«

Die Antworten behält der Baum für sich, doch als mein Blick über seine mächtigen Äste schweift, empfinde ich eine ungewöhnliche Verbundenheit mit diesem uralten Riesen.

In seinem Schutz reflektiere ich diesen besonderen Augenblick und frage mich, wie ich selbst meine Vitalität bewahren kann, um bis ins hohe Alter voller Energie und Lebenskraft zu sein. Was muss ich tun, um mein volles Potenzial im Leben zu entfalten, so wie dieser majestätische Baum? Wie kann ich mich so positiv entwickeln wie er? Ich nehme mir vor, im bunten Treiben Costa Ricas bei den lebensfrohen Ticos nach Antworten zu suchen.

Die einfachen Dinge genießen

Was wir essen, hat Auswirkungen darauf, wie gesund wir leben und wie lange. Unsere Ernährung beeinflusst, wie wir uns formen und fühlen – unseren Körper, unsere Lebensqualität und unser Wohlbefinden.

Diese Erkenntnis wird mir in einer Soda bei den Ticos bewusst, die das einfache Leben feiern, vor allem in Bezug auf ihr Essen.

Schon vor Jahren hatte ich mich mit dem Thema »Wie Ernährung heilen kann« für eine Fernsehsendung auseinandergesetzt und dabei einige Aha-Erlebnisse gehabt. Gesunde Ernährung ist ein wichtiger Schlüssel zu einem vitalen und langen Leben. Sie kann Krankheiten verhindern und heilen – sie ist ein einfaches Rezept für ein hohes Alter.

Die Basis für eine gesunde Ernährung liegt in der Bewusstheit über unser Essen. Es geht darum, die eigenen Essgewohnheiten zu überdenken, eine klare Entscheidung für gesunde Lebensmittel zu treffen und Nahrungsmittel zu vermeiden, die dem Körper schaden.

Seit Langem ernähre ich mich fast ausschließlich pflanzenbasiert. Dieser Lebensstil tut meinem Körper gut und ich fühle mich voller Energie. Vor unserer Reise hatte ich mich gefragt, wie ich diese Ernährung unterwegs beibehalten kann.

Costa Rica macht es mir leicht. Die Küche ist vielfältig, gesund und besteht aus den natürlichen Ressourcen des Landes. Besonders »Gallo Pinto« liebe ich, das herzhafte Nationalgericht aus Reis, schwarzen Bohnen, Zwiebeln und Paprika, das die Einheimischen oft zum Frühstück essen. Auch wenn ich zuhause meist Müsli frühstücke, genieße ich diese gesunde Mahlzeit in Costa Rica fast jeden Morgen.

Reis und Bohnen gehören hier fast zu jedem Gericht, genauso wie Patacones – Kochbananen. Die kannst du an jeder Straßenecke kaufen.

Wenn wir in Unterkünften ohne Frühstück übernachten, bereiten wir uns gerne selbst Kochbananen zu. Dazu gibt es unsere üblichen Vorräte: Salsa-Sauce, Nüsse und Äpfel. Diese Lebensmittel haben wir immer im Gepäck, sie halten auch ohne Kühlschrank, den wir während unserer Reise nur selten zur Verfügung haben.

Das mag simpel erscheinen, aber mir schmeckt es wirklich lecker. Ich genieße diese »einfachen« Dinge, besonders, wenn wir nichts anderes haben. Es sind genau diese Kleinigkeiten, die mir Freude bereiten und für die ich dankbar bin. Heute sind es Kochbananen.

Zum Glück gibt es immer etwas, wofür wir dankbar sein können: Menschen, die uns lieben, ein Dach über dem Kopf oder ein warmer Sonnenstrahl. Am besten machen wir uns das so oft wie möglich bewusst, besonders in herausfordernden Zeiten, denn es bringt ein positives Lebensgefühl.

Begegnung mit einem digitalen Nomaden

Auf Reisen begegnest du vielen Menschen. Vielen sehr verschiedenen Menschen. Ich bin noch nicht einmal eine Woche in Costa Rica und habe bereits so viele neue Menschen kennengelernt wie zuhause in Monaten nicht. Sie erweitern meinen Horizont.

Unterwegs ist es einfach, Bekanntschaften zu schließen, besonders, da wir meist in kleinen Hostels absteigen, oft mit Gemeinschaftsbad und Gemeinschaftsküche. Da treffe ich zwangsläufig jede Menge Backpacker und Gleichgesinnte, wenn ich in der Schlange vor der Dusche warte oder mich abspreche, wann ich die Bratpfanne auf dem Herd übernehmen kann.

Ich mag es, andere Menschen kennenzulernen, ihre Geschichten zu hören und mich mit ihnen über Reiseerfahrungen auszutauschen. In Costa Rica sind viele Kanadier unterwegs, aber auch einige Franzosen, Amerikaner und Deutsche. Jeder ist anders, auf seine Weise besonders, und hat seine eigene faszinierende Lebensgeschichte.

Fast alle, auch ich, haben eines gemeinsam: Sie reisen für mehrere Wochen, Monate oder Jahre. Sie haben sich getraut, aus den alltäglichen Strukturen zuhause auszubrechen, gehen nicht länger einem Nine-to-five-Job für 40 bis 60 Stunden pro Woche nach. Sie alle wollen frei sein und selbstbestimmt ihr Leben führen.

Es sind keine Urlauber, die nach zwei Wochen Pauschalurlaub zurück nach Hause fliegen, um in den Job zurückzukehren. Es sind Langzeitreisende. Das ist hier unterwegs »normal«.

Sie sind der Beweis dafür, dass es möglich ist, dein Leben anders zu gestalten und deine Träume zu leben.

Unter ihnen ist auch Jacques, Kanadier, Mitte fünfzig, ein Mann von großer Statur. Ich habe ihn jedoch nicht wegen seiner Größe in besonderer Erinnerung, sondern wegen eines tiefsinnigen Gespräches, das mich nachhaltig inspiriert.

Aufgefallen ist er mir durch seine Art zu arbeiten: Ich sitze an einem verregneten Vormittag im offenen Gemeinschaftsraum unserer Lodge. Ursprünglich war der Plan, am Vulkan Arenal zu wandern, aber der Regen prasselt so heftig auf das Wellblechdach der Hütte und die Sicht liegt unter 100 Metern, dass ich mich entschieden habe, später zu wandern und erst einmal Schreibkram zu erledigen: Ich verfasse einen Artikel für meinen Reiseblog und organisiere Lesungen für zuhause nach meiner Rückkehr. Das ist kein Problem, ich habe meinen Laptop dabei, daran kann ich gut unterwegs arbeiten.

Plötzlich kommt Jacques herein und setzt sich an einen Tisch vor mir. Er klappt seinen Laptop auf und fächert rechts und links aus dessen Seiten zwei weitere Bildschirme auf. Zusätzlich zu den drei Bildschirmen, hinter denen er sich niederlässt, arbeitet er über ein Headset. Das sieht ziemlich opulent aus. Ein Hightech-Arbeitsplatz im Freien, im Regen unter einem Wellblechdach.

Jacques checkt mit seiner Workstation Mails, bearbeitet Dokumente, führt Gespräche. »Das ist mein Büro«, sagt er, während er an einem großen Tisch mitten zwischen anderen Gästen im Gemeinschaftsraum sitzt, mit Blick auf einen der schönsten Vulkane Costa Ricas, und lächelt dabei zufrieden.

Ich bin beeindruckt. Während meiner 20 Jahre beim Fernsehen habe ich viel Technik gesehen, aber vor Jacques' privater, portabler professioneller Ausstattung – die, wie er sagt, nicht mal besonders teuer war – habe ich Respekt.

Jacques vermittelt den Eindruck, als sei er mit sich und der Welt im Einklang. Manchmal macht er eine Pause und spielt ein Spiel an einem der Bildschirme, hört Musik, plaudert mit einem anderen Gast oder wirft einen Blick in die Natur.

Die Pandemie hat sein Leben verändert. Zum Positiven. Er kommt aus einem kleinen Dorf in der Nähe von Montreal. Immer wieder lebt und arbeitet er seit einiger Zeit auch in Costa Rica. Wenn er sich gerade in dem kleinen Land des großen Pura Vida aufhält, ist seine Basis eine Lodge in der Nähe der Stadt La Fortuna. Von hier aus startet er Touren durchs Land, mit seinem Motorrad, einem »Monster«, wie er seine mir riesig erscheinende BMW-Maschine liebevoll nennt. Er reist spontan mit ihr, oft tageweise, so wie es ihm gerade gefällt. Er will frei sein. Dieses Ziel hat er offensichtlich erreicht.

Jacques liebt, was er tut, und tut, was er liebt. Das war noch vor ein paar Jahren anders. Damals hatte er eine eigene Versicherungsagentur. 30 Jahre lang war er beruflich viel auf Achse und oft gestresst. Die Pandemie ermöglichte es ihm plötzlich, »remote« zu arbeiten. Inzwischen hat er seine Firma verkauft, betreut aber einige seiner langjährigen Kunden immer noch, von unterwegs aus. Es geht eben auch anders.

Heute muss er nicht mehr jeden Vertrag vor Ort unterschreiben, das erspart ihm etliche Stunden Geschäftsreise. Seine Arbeit erledigt er in 25 Stunden pro Woche, vor drei Jahren hat er dafür aufgrund der vielen Reiserei doppelt so lange benötigt. Jetzt klappt er einfach seinen mobilen Arbeitsplatz aus, dort, wo es ihm gerade gefällt, und betreut seine Klienten aus der Ferne. Das war lange sein Traum.

»Ich habe keine Träume mehr, heute lebe ich meinen Traum«, sagt er glücklich und fügt hinzu: »Das fühlt sich manchmal unwirklich an.« Ich glaube ihm jedes Wort. Ich kenne dieses Gefühl.

In Montreal ist er trotzdem immer wieder, monatelang. Er hat dort vier erwachsene Kinder, zwei Mädels und zwei Jungs.

Über den Winter, wenn es kalt wird in Kanada, kehrt er nach Costa Rica zurück, an den Fuß des Vulkans Arenal. Auch wenn es regnet, liebt Jacques diesen Ort, besonders die Gemeinschaftsküche, in der er viele andere Menschen trifft, Fremde und doch Gleichgesinnte.

Mir wird an diesem besagten Regentag klar, wie »normal« es sein kann, völlig anders zu leben als in den gewohnten Strukturen zuhause. Unterwegs ist anders normal.

Aussteigerin Anni

An der Pazifikküste im Norden Costa Ricas fällt mir einige Tage später eine attraktive junge Frau auf: Anni, Mitte zwanzig, aus Deutschland. Auch sie hat ihre vertrauten Strukturen hinter sich gelassen und lebt ihren Traum. Monatelang reist sie allein durch Süd- und Mittelamerika, ohne festes Rückkehrdatum. Reisen bedeutet für sie pures Glück. Ihr Mut fasziniert mich, wir kommen ins Gespräch.

»Ich reise ohne Rückflugticket, denn das bedeutet für mich die absolute Freiheit. Ob sechs Monate oder sechs Jahre – solange es sich gut anfühlt, solange ich nirgendwo anders sein möchte«, erzählt sie.

Wichtig ist Anni, nicht zu schnell unterwegs zu sein. Wenn sie zu viele besondere Dinge erlebt, verlieren sie ihren Reiz und irgendwann kann sie das Meer vor lauter Wellen nicht mehr wahrnehmen. Deshalb verweilt sie regelmäßig für einige Wochen an einem Ort, arbeitet dort in Hostels und unterstützt lokale Hilfsorganisationen.

Das war nicht immer so. Nach dem BWL-Studium arbeitet sie zunächst im Vertrieb eines großen Unternehmens in Deutschland, in dem sie ein Traineeprogramm absolviert hat. Der Alltag damals ist stressig, voller Zahlen und Statistiken. Ihre kreativen Interessen wie Schreiben und Reisen bleiben dabei auf der Strecke. 2022 kündigt Anni ihren Job, löst ihre Wohnung auf und spendet oder verkauft den Großteil ihrer Habseligkeiten. Die Idee, mit einem Rucksack und einem One-Way-Ticket auf der Gangway gen Irgendwo zu stehen, spukt ihr schon seit Jahren im Kopf herum. »Ich habe es immer wieder aufgeschoben. Erst das Trainee fertig machen, dann kam Covid dazwischen und letztendlich kann man es auch genauso ehrlich sagen, wie es ist: Ich hatte einfach richtig Schiss davor. Aber das ist kein Grund, es nicht zu machen«, gesteht die sympathische junge Frau.

Bereits mit 17 Jahren reist sie mit einem Interrailticket durch Europa und trifft dabei ihre ersten Langzeitbackpacker. Das verändert sie: »Ich habe Menschen kennengelernt, die ihr perfektes Leben so ganz anders definiert haben, als ich es je für möglich gehalten habe.«

Die Antworten auf die Fragen »Was willst du wirklich vom Leben? Was macht dich glücklich?« sucht sie bei unserer Begegnung noch immer. Doch bis dato erlebt sie nie so viele Glücksmomente wie auf Reisen. Situationen, in denen sie plötzlich innehält und von einem absoluten Glücksgefühl erfüllt ist. Dann ist einfach alles perfekt.

Das Alleinreisen gibt Anni Flexibilität und zwingt sie täglich aus ihrer Komfortzone. Dadurch knüpft sie schnell Kontakte zu Einheimischen und anderen Reisenden. Für sie ist es das Unbekannte und Überraschende, das den Reiz des Soloreisens ausmacht.

»Ich liebe die Herausforderungen und all die schönen Momente, die ich erlebt habe. Es ist eine oft anstrengende, aber auch viel intensivere und aufregendere Art zu reisen. Ich reise zwar allein, doch einsam bin ich nur sehr selten. Täglich treffe ich viele Menschen«, erzählt Anni, die in Bremen aufgewachsen ist.

Für sie ist es wichtig, mit der richtigen Mischung aus Neugier und Vorsicht unterwegs zu sein und auf das eigene Bauchgefühl zu hören. Als allein reisende Frau vermeidet sie es, im Dunkeln an einen neuen Ort zu kommen. Sie fragt in der Unterkunft nach, welche Gegenden sicher sind und worauf sie achten sollte. Außerdem verstaut sie Geld und Kreditkarten sorgfältig an verschiedenen Orten in ihrem Reisegepäck.

Zum Leben braucht sie nicht viel. Ein paar Wochen hat sie am Strand in einer Hängematte gelebt und mit einem Eimer kaltem Wasser geduscht. Zu essen gab es Pizza oder Reis mit Bohnen. »Ich habe nichts vermisst«, sagt sie. Gutes Wetter und nette Menschen um sie herum, egal, ob sie diese 15 Jahre oder 15 Minuten kennt, sind ihr wichtig.

Gerade weil sie lange und langsam reist, spart sie eine Menge Geld, verrät Anni – weil wenig Flugkosten anfallen und sie ihre Fixkosten ohne Auto und Wohnung gut reduzieren kann. Außerdem hat sie lange für die Reise gespart, konzentriert sich bewusst auf Länder, die eher günstig sind, übernachtet in einfachen Hostels und arbeitet unterwegs als Volunteerin für verschiedene Organisationen.

Vom Glücklichsein hat sie eine besondere Vorstellung:

»Ich glaube, dass sich Glück im Laufe des Lebens immer wieder verändert. Was mich jetzt glücklich macht, kann sich in ein paar Jahren völlig falsch anfühlen. Mein größter Vorsatz ist es, das große Ganze nie aus den Augen zu verlieren, um mich nicht eines Tages in einer Welt wiederzufinden, in der ich nicht meinen Traum, sondern den meines vergangenen Ichs lebe.«

Glück ist für sie nicht eine einzige große Sache, sondern die Summe vieler kleiner Momente, die sich oft überraschend ins Leben schleichen. Schöne und aufregende Momente, die ihr das Gefühl geben, gerade mit den richtigen Menschen zur richtigen Zeit am richtigen Ort im Universum zu sein. Dann gibt Anni einen Einblick, wie sie es schafft, ihre Träume zu leben:

»Nimm dir regelmäßig Zeit, mental einen Schritt zurückzutreten und dein Leben zu betrachten. Stelle dir Fragen: Bist du glücklich? Bist du da, wo du sein möchtest? Was kannst du tun, um deinen Zielen ein kleines Stück näher zu kommen? Du musst nicht gleich alles aufgeben und allein in die Welt aufbrechen. Das wäre für viele Menschen wahrscheinlich der falsche Schritt. Aber vielleicht wolltest du schon immer mal Klavierspielen lernen, einen Hund adoptieren oder zu Fuß die Alpen überqueren. Die richtige Veränderung kann nur von dir selbst kommen. Sie klopft nicht eines Tages an die Tür und lässt deine Probleme durch Zauberhand verschwinden. Schieb die kleinen und großen ›Aber was, wenn‹ fort, nimm all deinen Mut zusammen und gehe den ersten Schritt Richtung Glück. Wenn du deinem Herzen folgst, weißt du eigentlich schon längst, wohin es gehen sollte.«

Kostbare Lebenszeit

»DU hast ein Leben!« – Diese Worte erreichen mich immer wieder, während ich die Welt bereise. Ja, es stimmt. Ich habe ein Leben. Das trifft allerdings für jeden Menschen gleichermaßen zu. Jeder von uns hat nur EIN Leben, auch wenn wir oft unsere Zeit verschwenden und uns Dingen widmen, die uns unglücklich machen, gerade so, als ob wir unendlich viel Zeit hätten.

Zu vernachlässigen, was uns glücklich macht, lernen wir von frühester Kindheit an, indem wir Erwartungen anderer erfüllen: von der Gesellschaft, von Lehrkräften, von der Familie.

Das beginnt, sobald wir unsere Eigenständigkeit entwickeln – wenn wir anfangen, uns auf eigenen Füßen fortzubewegen. Aus Sicherheitsgründen werden wir oft zurückgehalten und gelenkt, anstatt neugierig zu entdecken, was uns ins Auge springt. Uns wird eine bestimmte Richtung vorgegeben, in die wir uns bewegen, und eine Grenze gesetzt, was wir erforschen dürfen.

In der Schulzeit geht es weiter. Wir lernen, stillzusitzen und den Mund zu halten, obwohl unsere Bedürfnisse ganz andere sind. Wir dürfen zwar sprechen, aber nur, wenn wir dazu aufgefordert werden. Doch längst nicht alle Antworten, Fantasien und Träumereien, die wir von uns geben, passen ins vorgegebene Konzept, sind »gut« und erwünscht.

Haben wir die Schule hinter uns, ist es an der Zeit, in unserer Gesellschaft zu funktionieren: Wir gehen einer Arbeit nach, die uns Geld bringt, jedoch häufig nicht glücklich macht. Wir suchen einen Partner, gründen vielleicht eine Familie und schaffen uns ein eigenes Zuhause. Nach unserem Arbeitsleben folgt nahtlos die Rente.

Aber ist es wirklich das, was wir uns von unserer Lebenszeit erträumen?

Nur die wenigsten haben das Glück, auf diesem Weg Erfüllung in ihrer Arbeit zu finden. So wie Kel, ein australischer Winzer, den ich schon viele Jahre kenne. Er steht jeden Morgen um 5:00 Uhr auf, um sich um seinen Wein zu kümmern. Aus vollem Herzen sagte er mir einmal: »Ich habe in meinem ganzen Leben noch keinen einzigen Tag gearbeitet. Ich liebe einfach, was ich tue.« Wenn es dir so geht wie Kel, hast du deine Erfüllung bereits gefunden.

Doch oft laufen wir Zeit unseres Lebens in einem Hamsterrad, das zwar Sicherheit verspricht, in dem wir uns jedoch allzu oft im Kreis drehen, bis wir uns selbst verlieren. Bei vielen Menschen tauchen in der Lebensmitte Fragen auf: War das alles? Was kommt noch? Was möchte ich in meinem Leben wirklich erreichen?

Auch ich habe mir diese Fragen gestellt, bevor ich meiner sicheren Anstellung damals den Rücken gekehrt habe. Ich wollte diese Sicherheit nicht mehr.

Was ich wollte und will, ist meine mir zur Verfügung stehende Zeit bewusst mit Leben zu füllen – mit meinem einzigartigen Leben, nach meinen Bedürfnissen. Sicher, dazu gehören immer wieder auch Aufgaben, die kein Vergnügen bereiten, selbst während einer Traumreise. Die Frage ist jedoch, wie oft und über welchen Zeitraum ich diesen Dingen nachgehe, ob sie mich meinem Ziel näherbringen und wie ich grundsätzlich mein Leben gestalte.

Vor meinem Ausstieg aus dem ZDF begann ich, ehrlich zu mir selbst zu sein, mit allen Konsequenzen. Seither folge ich meiner Intuition: mit meinem Kinderbuchprojekt ebenso wie mit meiner monatelangen Reise um die Welt und auch mit dem Schreiben dieses Buches – für mich ist das der authentischste, gesündeste und glücklichste Weg.

Ich werde nicht müde, andere zu ermutigen, dasselbe zu tun. Auch wenn alle Menschen unterschiedliche Grundvoraussetzungen mitbringen, ist es grundsätzlich für jeden möglich, dem eigenen Herzen zu folgen. Woher ich das weiß?

Ich erlebe es immer wieder, gerade auch während meiner Weltreise.

Anfangs konnte ich mir selbst nicht vorstellen, was alles möglich ist, einfach weil ich gar nicht erst darüber nachgedacht habe. Heute, unterwegs, kann ich manchmal gar nicht fassen, wie anders mein Leben vor ein paar Jahren aussah. Damals fuhr ich jeden Tag ins Büro und hatte angeblich keine Zeit, über meine wahren Lebensziele nachzudenken – geschweige denn Zeit für eine Weltreise. Das schien mir schlichtweg unmöglich, ähnlich wie bei den meisten berufstätigen Menschen. So lange, bis ich mich unwiderruflich entschieden habe, mein Leben grundlegend zu verändern.

»Ich habe keine Zeit« – diesen Satz höre ich oft. Dabei haben wir heute mehr Zeit als jede Generation vor uns, weil wir eine höhere Lebenserwartung haben. Wenn wir glauben, keine Zeit für unsere Träume zu haben, setzen wir lediglich unsere Prioritäten, bewusst oder unbewusst, auf etwas anderes. Zeit ist immer vorhanden, die Frage ist, wofür wir sie nutzen.

Reifenpannen

Die Sonne brennt unbarmherzig vom Himmel, als wir von unserem Spaziergang am Pazifikstrand von Playa Copal zurückkehren. Die Kulisse ist traumhaft: Pelikane stürzen sich aus der Luft ins glitzernde Wasser, wo sie im Wettstreit mit exotischen Fregattvögeln Fische jagen. Ein echtes Naturspektakel. Der Strand ist unbeschreiblich schön, ein Geheimtipp einer belgischen Weltenbummlerin, hoch im Norden des Landes, kurz vor der nicaraguanischen Grenze.

Wir sind einige Stunden an diesem faszinierenden Flecken Erde entlanggelaufen, als ich müde und durstig die letzten Meter durch den Sand zum Parkplatz stapfe. Ich freue mich darauf, einfach ins Auto zu steigen und zu einer nahegelegenen Soda, einem dieser gemütlichen Restaurants der

Einheimischen, zu fahren. Plötzlich fällt mein Blick auf den Reifen vorne links. Da ist kaum noch Luft drin.

Abgesehen von Kay und mir ist weit und breit kein Mensch an diesem Geheimstrand in Sicht. Die nächste Werkstatt scheint in weiter Ferne. Da der Reifen noch nicht platt auf der Felge liegt, beschließen wir, die zwei Kilometer zu unserer Unterkunft zurückzufahren. Der Ort ist Treffpunkt für Kitesurfer – die haben bestimmt eine Luftpumpe.

Fehlanzeige! Weder die Kiter noch eine Luftpumpe sind aufzutreiben, als wir ankommen. Wir versuchen, den defekten Reifen zu wechseln, doch das Werkzeug aus unserem Leihwagen passt nicht. Das Ersatzrad ist daher keine Option. Nur gut, dass wir das nicht irgendwo in der Pampa feststellen, sondern an unserem Hostel.

Neuer Hoffnungsschimmer: Auf dem Hof finden wir einen alten Kompressor, mit dem wir probieren, Luft in den Reifen zu bekommen. Doch leider ist das Teil defekt, das bringt uns auch nicht weiter.

Also bleibt uns nichts anderes übrig, als mit dem halbplatten Reifen zur Werkstatt zu fahren. Die liegt im nächsten Ort, zehn Kilometer entfernt. Eine Strecke, für die du in Costa Rica selbst ohne defektes Fahrzeug starke Nerven und gut 20 Minuten Fahrzeit benötigst. Eine beeindruckende Anzahl Schlaglöcher spicken die meisten Straßen des Landes, die eher einem Schweizer Käse als einer Fahrbahn gleichen. Darauf kannst du unmöglich schneller als 30 Kilometer pro Stunde fahren, weshalb du für Distanzen von 250 Kilometern in Costa Rica locker einen ganzen Tag im Auto verbringst.

Ich bin hungrig und habe wenig Lust, in der Mittagshitze zur Werkstatt zu tuckern. Doch das Risiko, dass der Reifen weiter Luft verliert, ist zu groß. Wir wollen verhindern, dass wir später gar nicht mehr vom Fleck kommen, und das Problem noch am selben Nachmittag lösen.

Das Leben während unserer Weltreise besteht eben nicht per se aus Traumstränden und Sonnenschein. Oft müssen wir Lösungen für plötzliche Herausforderungen finden, auch wenn uns das gerade nicht in den Kram passt.

Der Werkstattaufenthalt ist ein Abenteuer für sich. In einer großen Halle warten zahlreiche Menschen mit ihren Pkws in mehreren Fahrzeugschlangen. Dazwischen laufen überall Werkstattmitarbeiter herum. Es dauert eine Weile, bis wir uns einen Überblick verschaffen können und uns in die richtige Schlange für Reifenschäden einordnen. Ein Mechaniker kommt auf uns zu, versteht aber leider kein Englisch und unser Spanisch reicht für dieses Spezialthema nicht aus. Doch mit Händen und Füßen, einem Lächeln und einem herzlichen »Pura Vida« schaffen wir es, uns zu verständigen.

Dann heißt es erstmal warten, eine gute Stunde lang. Wir nutzen die Pause für einen Snack an einem Imbiss-Stand, der sich mitten auf dem Werkstattgelände befindet. Eine alte Costa Ricanerin verkauft Sachen, die ich noch nie zuvor gesehen habe und von denen ich bis heute nicht weiß, was es ist. Sie schmecken aber trotzdem.

Danach geht plötzlich alles schnell: Der freundliche Mechaniker arbeitet flink und absolut professionell. In wenigen Minuten nimmt er den defekten Reifen vorne vom Fahrzeug, prüft ihn unter Wasser und findet den Übeltäter: einen kleinen Nagel. Er repariert den Schaden – für 3300 Colón, gerade mal 5,50 Euro.

Ich bedanke mich zufrieden und will gerade losfahren, als der Werkstattmitarbeiter winkt und uns bedeutet, stehen zu bleiben. Kopfschüttelnd zeigt er auf den Reifen hinten rechts. »Der ist auch nicht in Ordnung«, lese ich aus seinen Gesten. Es stimmt. Er wiederholt das Prozedere für weitere 5,50 Euro und zieht diesmal einen beeindruckend großen Nagel aus dem Gummi.

Als wir vom Hof fahren, bin ich ehrlich erleichtert, dass der Wagen wieder rollt und wir das Problem binnen weniger Stunden lösen konnten. Auch wenn es uns oft nicht gefällt: Es lohnt sich, Schwierigkeiten direkt anzugehen, anstatt sie auf die lange Bank zu schieben. Mich macht das reparierte Auto in diesem Moment genauso glücklich wie der Morgen mit den Pelikanen am Strand.

Stress auf der Straße

Wir sind mitten im Nirgendwo, auf dem Weg gen Süden, Richtung Sámara. Ein Ort, der für seinen einzigartigen Traumstrand bekannt ist. Unser Leihwagen fährt wieder einwandfrei, allerdings haben wir nur noch ein paar Tropfen Benzin im Tank. Warum uns das immer wieder passiert, ist mir ein Rätsel.

Die Hitze ist unerträglich, die Gegend um uns karg, es sind weder Häuser noch andere Fahrzeuge auf der Strecke. Als sich die Straße gerade bergauf durch die Berge windet, leuchtet die Tankanzeige bedrohlich auf – »Empty«. Jetzt steigt meine Nervosität. Das Navi verspricht uns eine Tankstelle in 20 Kilometern. »Bis dahin schaffen wir es«, rede ich mir selbst Mut zu – und behalte recht.

Doch als wir dort ankommen, entpuppt sich der Ort als Einöde ohne jegliche Tankmöglichkeit. Ich merke, wie mein Stresspegel steigt. Wir fahren weiter, aber für mich ist es nur eine Frage der Zeit, bis wir liegen bleiben. »Wann und wo wird dieser Moment wohl sein?«, denke ich laut und male mir aus, wie ich in der glühenden Mittagssonne stundenlang mit einem Benzinkanister durch die Einsamkeit laufe. Kay bleibt gelassen und murmelt amüsiert: »Alles klar, ich warte solange im Auto, bis du zurück bist.«

Ich werfe einen Blick in den Himmel und sende die stumme Bitte nach oben, dass wir es bis zum nächsten Ort schaffen. Liberia ist das Ziel, noch 40 Kilometer entfernt, auf den Straßen Costa Ricas dauert das eine Ewigkeit. Wir schließen die Fenster und schalten die Klimaanlage aus, um nicht unnötig Energie zu vergeuden. Im Auto fühlt es sich jetzt an wie in einer Sauna, Schweiß rinnt meinen Rücken hinunter. Ich bin mir nicht sicher, ob es an der Hitze liegt oder Angstschweiß ist. Plötzlich taucht vor uns ein Lkw auf, ich hänge mich dankbar in seinen Windschatten und versuche, die Geschwindigkeit konstant zu halten, um Benzin zu sparen; jeder Tropfen zählt.

Endlich erreichen wir die Interamericana, eine größere Hauptstraße. Die Gegend hier ist nicht mehr so verlassen und weniger bergig. Die Fahrbahn hat überraschenderweise kaum Schlaglöcher und führt weite Strecken geradeaus.

Nervös blicke ich alle paar Minuten auf das Navi, als ob das helfen würde. Kay nuschelt irgendetwas von Gelassenheit und einer kleinen Schildkröte.

Ich fühle mich ertappt – es stimmt, ich mache mich gerade selbst verrückt. Oft sind nicht die Ereignisse per se aufregend, sondern unsere Gedanken darüber, wie wir sie einordnen. Mehr als 90 Prozent unserer Sorgen werden nie wahr oder die Realität ist weniger schlimm, als wir sie uns vorher ausgemalt haben.

Ich mache mir meine negativen Gedanken bewusst. Das ist besonders in stressigen Momenten hilfreich, selbst bei Krankheiten. Ich übe Geduld – also die Fähigkeit, auf die Befriedigung meiner Bedürfnisse zu warten, in diesem Fall: zu tanken. Und ich vertraue darauf, dass sich alles im Leben zum richtigen Zeitpunkt ereignet.

So rollt der Wagen weiter, bis wir es schließlich tatsächlich schaffen und auf den letzten Tropfen den nächsten Ort samt Tankstelle erreichen. Ich breche in Jubel aus und hüpfe zum Erstaunen einiger Ticos begeistert um die Zapfsäule. Selten habe ich mich so über eine Tankstelle gefreut, ich bin ehrlich erleichtert. Geschafft.

Doch das Glück währt nicht lange. Mit vollem Tank und erbaulichen 80 Stundenkilometern setzen wir die Fahrt auf der Hauptstraße fort. Ein Auto fährt dicht hinter mir. Die Gegenfahrbahn ist stark frequentiert. Plötzlich läuft von rechts direkt vor unserem Wagen ein großer Leguan über die Fahrbahn. Ich kann nur leicht bremsen, der Hintermann sitzt zu dicht auf, ein Ausweichmanöver ist unmöglich.

Die Echse hat keine Chance, eine Kollision ist unvermeidlich. Unser Fahrzeug erfasst den Leguan und fährt über ihn hinweg. Ein heftiger Ruck geht durch das Auto, und durch mich auch. Ich schreie entsetzt auf. Die Szene geht mir durch Mark und Bein. Die Straße ist stark befahren, einen Seitenstreifen gibt es nicht – anhalten ist unmöglich.

Es tut mir unglaublich leid, das arme Tier. Ich fühle mich schuldig. Warum musste das passieren? Warum ausgerechnet mir, wo ich Tiere doch so liebe? Die Frage »Warum passiert mir etwas Schlimmes?« hilft jedoch nicht. Sie macht das Ereignis weder rückgängig, noch löst sie unangenehme Gefühle auf oder führt zu konstruktiven Lösungen.

Ich kann das Schicksal nicht ändern. Ich kann lediglich entscheiden, wie ich damit umgehe. Bedrückt akzeptiere ich, was geschehen ist, und nehme meine Traurigkeit an.

Pech und Glück

Ein lautes »Krach« ertönt am nächsten Tag im Wagen, als ich mich auf den Beifahrersitz fallen lasse. Ich habe mich nur kurz nach hinten gedreht, um Kekse von der Rückbank zu angeln. Als ich mich wieder setze, ist es passiert: Die Form meines Handys gleicht einem »L«, das Display ist zersplittert, das Gerät geht nicht mehr an. Na super, ganz großes Kino!

Der Ausfall meines Handys bedeutet Chaos: Keine Kommunikation, keine Navigation, alle Fotos von unterwegs, Reisedaten und Kontakte sind weg. Selbst meine Banking-App ist futsch. Ich brauche schnell eine Lösung.

Die meisten Ticos sind stolze Besitzer eines »Celulares«. Das stimmt mich zuversichtlich, Ersatz zu finden. Aber wo um alles in der Welt bekomme ich in Costa Rica ein neues Mobiltelefon her?

Mit Kays Handy recherchiere ich online mehrere Handyshops in Cartago, der ehemaligen Landeshauptstadt, durch die wir in den nächsten Minuten sowieso fahren werden.

Die Suche im Ort ist jedoch schwierig, denn bei den Shops handelt es sich nicht gerade um einen Elektrogroßhandel. An der ersten Adresse, die wir ansteuern – Fehlanzeige. Weiter geht's Richtung Zentrum. Die Straßen sind voll, der Verkehr wird immer dichter und endet im Stau. Millimeter für Millimeter schieben wir uns vorwärts, bis wir endlich einen Handyladen erreichen, allerdings ohne Parkmöglichkeit.

Kurzentschlossen hält Kay am Straßenrand und lässt mich aussteigen, während er im Auto wartet. Der Plan: Wir treffen uns wenig später an genau dieser Stelle wieder. Uns jetzt zu verlieren wäre blöd, denn ich habe kein Handy, mit dem wir uns verständigen können.

Zielstrebig laufe ich zu dem »Celulares«-Shop. Unterwegs fällt mir auf, dass es auf dieser Straße vor Handyshops nur so wimmelt. Unzählige Anbieter reihen sich nebeneinander und präsentieren Smartphones und alles, was dazu gehört, in Kiosk-großen Buden – ein wahres Mobilfunkparadies. Sogar der Friseur verkauft neben Haarschnitten auch Handys. Wenn das keine interessante Geschäftsidee ist!

Der Laden, den ich aufsuche, macht einen seriösen Eindruck und bietet eine breite Handy-Auswahl. Gleich mehrere Mitarbeiter kümmern sich um mich, und Dank kompetenter Beratung finde ich bald ein neues Modell. Zu meiner Überraschung bekomme ich sogar einen Adapter dazu, mit dem ich neben dem Telefon auch meinen Laptop am Strom aufladen kann. Das war zuvor umständlich, da es nur über den Zigarettenanzünder im Auto möglich war. Mit dem Adapter kann ich flexibel arbeiten, das hilft mir sehr. Wie so oft bringt diese vertrackte Situation am Ende eine positive Begleiterscheinung mit sich, aus Pech wird Glück.

Freudig laufe ich zurück zum Auto, reiße die Beifahrertür auf, springe rein – und schaue in die Augen eines jungen Mannes, der mich verdutzt anblickt. Das ist nicht mein Mann. Ein Fremder sitzt am Steuer! Bei genauem Hinsehen bemerke ich, dass es auch nicht unser Mietwagen ist, in den ich wie selbstverständlich eingestiegen bin. Jetzt fällt auch mir verblüfft die Kinnlade herunter.

»Sorry, falsches Auto«, murmele ich halb verlegen, halb grinsend, steige hastig aus und knalle die Tür zu, bevor der gutaussehende Typ im Wagen den Mund wieder zubekommt. So schnell, wie es mir in meinen Flipflops möglich ist, laufe ich davon und suche unser Auto. Dabei stelle ich mir vor, wie der Tico im Auto kopfschüttelnd »verwirrte Fremde« denkt. Ist mir egal, ich bin zwar peinlich berührt, aber auch belustigt über diesen Fauxpas.

Bevor ich ins nächste weiße Fahrzeug einsteige, werfe ich sicherheitshalber einen Blick durch die Scheibe. Tatsächlich, Kay sitzt auf dem Fahrersitz. Ich springe rein, berichte ihm amüsiert von meinem Missgeschick und zeige ihm mein neues Handy.

Affenstark!

Die Sonne steht hoch über dem Manuel Antonio Nationalpark, dem kleinsten und meistbesuchten Nationalpark Costa Ricas im Südwesten, direkt an der Pazifikküste. Die schwüle Hitze spüre ich kaum und bemerke nur am Rande, dass mein T-Shirt unter dem Rucksack am Rücken klebt. Meine volle Aufmerksamkeit liegt auf etwas anderem. Ich hocke auf dem Boden, mein Blick fixiert gebannt eine Szene, die sich keine drei Meter vor meinen Füßen abspielt: Eine Weißschulter-Kapuzineraffenmutter trägt stolz ihr Baby auf dem Rücken und nähert sich mir neugierig. Sie scheint genauso interessiert an mir wie ich an ihr. Wir halten trotz der Nähe respektvollen Abstand und beobachten uns gegenseitig. Das Affenbaby grinst mich an – zumindest kommt es mir so vor.

Die Gesichter und die Mimik der beiden Tiere sind sehr ausdrucksstark und ähneln denen von Menschen. »Was wohl in ihrem Kopf vorgeht?«, frage ich mich, als Kay aus einiger Entfernung »Achtung, Waschbär!« ruft. Den Waschbären, der von hinten auf mich zuläuft, hatte ich noch nicht bemerkt. Offenbar hofft er auf Futter. Da ist er bei mir an der falschen Adresse. Als er die Affen sieht, rennt er weiter.

Auch die Affenmama mit ihrem Kleinen sucht jetzt das Weite. In großen Sätzen springt sie vom Boden auf einen Baum. Sie braucht nur wenige Sekunden, um den Stamm hochzuklettern. In für mich schwindelerregender Höhe schwingt sie sich mitsamt ihrem Nachwuchs in riesigen Schwüngen von Ast zu Ast, wobei ihr Schwanz ihr zusätzlichen Halt gibt. Dass sie bei diesem akrobatischen Einsatz ein Baby auf dem Rücken trägt, scheint sie nicht im Geringsten zu stören. Das Kleine auch nicht. Das grinst immer noch, ich meine sogar noch breiter, und hat offensichtlich Spaß an dieser wagemutigen Kletteraktion.

Ich komme aus dem Staunen nicht heraus, so viele verschiedene Tiere habe ich bisher noch nie live in freier Wildbahn erlebt. Im Manuel Antonio Nationalpark sind viele von ihnen an Besucher gewöhnt, daher sind die Begegnungen manchmal hautnah.

Bei den Weißschulter-Kapuzineraffen ist immer was los, oft veranstalten sie ein regelrechtes »Affentheater«. Sie sind permanent in Aktion, und ihre Sprung- und Klettereinlagen führen sie geschickt, waghalsig und mit einem »Affenzahn« aus. Meist durchstreifen sie die Wälder in Gruppen von zehn bis zwanzig Tieren, toben und spielen miteinander wie kleine Kinder. Es macht einfach Spaß, ihnen zuzuschauen.

Sie gehören zu den intelligentesten Tieren der Welt. Im Verhältnis zu ihrer Körpergröße haben sie ein außerordentlich großes Gehirn. Einige von ihnen stecken sich gegenseitig einen Finger in die Nase und kommunizieren auf diese Weise miteinander. Angeblich allerdings nur, wenn sie eng befreundet sind. Vermutlich ist das bei ihnen eine ähnliche Geste wie das Begrüßungsküsschen auf die Wange bei uns Menschen. Gute Freunde mögen sich bitte nicht wundern, wenn ich das als Zeichen meiner Zuwendung zuhause auch ausprobiere.

Im Manuel Antonio Nationalpark sind die cleveren Kapuzineraffen oft in diebischer Mission unterwegs, obwohl alle Taschen am Parkeingang auf Lebensmittel kontrolliert werden. Essbares mit hineinzunehmen ist strengstens verboten. Aber die Affen nehmen es nicht so genau und stehlen alternativ auch Handys oder glänzende Gegenstände. Sie organisieren ihre Angriffe und können sogar Rucksäcke mit ihren Händen öffnen.

Trotz meiner Faszination für diese intelligenten Tiere halte ich respektvollen Mindestabstand. Dennoch ist es ein Glücksgefühl, diesen wilden Tieren zuzuschauen: Sie leben in Freiheit, gehen permanent ihren Bedürfnissen nach und genießen selbstbestimmt ihr Leben – wir können viel von ihnen lernen!

Auf Frust folgt Lust

Nach einer fünfstündigen anstrengenden Autofahrt quer durch das Land von der West- an die Ostküste Costa Ricas erreichen wir gegen Abend endlich unsere Unterkunft. Es ist bereits dunkel, als wir in der Nähe des Ortes Puerto Viejo unser Hostel nahe der Karibik erreichen und uns ein junger Mann zu unserem Zimmer bringt, das ich während der Fahrt für drei Nächte gebucht hatte. Ich bin froh, endlich anzukommen. Doch meine Vorfreude erhält einen Dämpfer, als ich die Tür öffne.

Der Raum ist stickig und moderig. Auf der oberen Matratze des Stockbetts macht sich Vogeldreck breit, der vermutlich durch ein Loch in der Decke dorthin gelangt ist.

Ich bin irritiert, da ich kein Zimmer mit Stockbett gebucht hatte, und stelle fest, dass auch das versprochene private Bad fehlt. Gemeinschaftsbäder sind mir vertraut, aber dieses teilen wir mit dem benachbarten Zimmer, das genau wie unseres eine eigene Tür zum Bad aufweist. Die Ungewissheit, wann der Nachbar seine Tür öffnet und hereinspaziert, bringt eine gewisse Komik mit sich. Die Kommunikation erfolgt quasi über Gehör, um zu wissen, ob das Bad frei ist oder nicht. Ob ich den Nachbarn überrasche oder er mich, bleibt dem Zufall überlassen.

Die Situation ist für mich grenzwertig. Einen Moment lang ärgere ich mich über mich selbst, da ich bei Reservierungen gerne eines der günstigsten Zimmer im Ort auswähle. Dann frage ich höflich nach einem Raum entsprechend unserer Buchung. Der Gastgeber ist freundlich, aber für die nächsten Tage ausgebucht. Ein alternatives Zimmer steht nicht zur Verfügung.

Wir beschließen, in einer Soda etwas zu essen und Abstand zu gewinnen. Das hilft. Danach verbringe ich so viel Zeit wie möglich auf der Terrasse. Draußen ist es schön und weniger stickig. Der Garten hat seinen Charme, er lockt jedoch nicht nur mich, sondern auch zahlreiche Moskitos an.

Ein paar Stunden und einige Mückenstiche später überkommt mich die Müdigkeit, und ich kehre zurück ins Zimmer. Schon beim Öffnen der Tür schlägt mir die schwülheiße Luft entgegen, und der muffige Raum vermittelt mir Unbehagen. Ich bin frustriert und fühle mich unwohl, halte einen Moment inne. War es nicht genau das, was ich wollte? Auf dieser Reise an meine Grenzen gehen, sie testen und überschreiten? Und nun schlägt mir ein stickiger kleiner Raum aufs Gemüt? Das geht gar nicht! Die Situation ist äußerst lehrreich. Nach kurzer Überlegung entscheide ich mich, nicht länger dagegen anzukämpfen, sondern sie mitsamt meiner Emotion anzunehmen.

Eine Dusche täte jetzt gut, um mich abzukühlen und den Kopf freizubekommen. Doch als ich die Türklinke zum Bad herunterdrücke, höre ich unseren Zimmernachbarn unter der Brause. Besetzt. Ich bin zu müde, um zu warten, und lege mich ohne Dusche ins untere Stockbett. Ich bin verschwitzt und das Bettlaken klebt unangenehm. Der kleine Ventilator auf dem Boden surrt beharrlich, vermag jedoch nichts gegen die Hitze im Raum auszurichten.

»Es wäre am besten, jetzt einfach zu schlafen«, denke ich, wie Kay im Stockbett über mir. »Wie macht er das bloß?« Freundlicherweise hat er sich im Bett mit dem Vogeldreck niedergelassen. »Gut, dass wir dieses Abenteuer gemeinsam erleben. Es ist schön, eine vertraute Person an der Seite zu haben, mit der ich Höhen und Tiefen teilen kann«, überlege ich weiter und lenke meine Gedanken bewusst auf etwas Positives. Wofür bin ich an diesem Tag dankbar? Für diese großartige Reise, dass keine Moskitos im Raum sind, ein Telefonat mit unserem Sohn. Das hilft und fühlt sich schon besser an. Ich versuche zu entspannen und schlafe irgendwann ein. Geht doch.

Am nächsten Tag erkunden wir den nahegelegenen Cahuita Nationalpark. Ein wunderschöner Ort, direkt am Meer. Unterwegs begegnen wir wilden Brüllaffen – ihr lautes Geschrei durch den Regenwald macht uns schon von Weitem auf sie aufmerksam. Mit ihren wilden Turnübungen verscheuchen sie ein paar Tukane aus den Baumkronen. Weiter unten in einem Baum entdecke ich in einiger Entfernung eine Schlange. Keine Ahnung, ob sie giftig ist, sie leuchtet grün und lässt uns in Ruhe, als wir vorsichtig vorbeigehen. Noch eine Etage tiefer huscht ein Weißrüssel-Nasenbär auf dem Boden vor uns ins Gebüsch. Davon gibt es in Costa Rica etliche. Sie gehören zu den Kleinbären und erinnern mich mit ihrem langen, buschigen Schwanz und ihren markanten weißen Streifen von der Nase bis zur Stirn an eine Mischung aus Eichhörnchen und Stinktier.

Als wir am Strand sitzen und das Meer genießen, kommt ein Parkwächter auf uns zu. »In dieser Gegend schwimmen Krokodile aus dem angrenzenden Fluss täglich zwei bis drei

Stunden zum Jagen im Salzwasser«, warnt er uns. Wir sollen hier besser nicht ins Meer gehen. Gut zu wissen! Ich verzichte an dieser Stelle gerne auf ein erfrischendes Bad.

Abends lauschen wir bei einem frisch gepressten Mangosaft am Strand von Puerto Viejo einigen Trommlern und beobachten Surfer, wie sie akrobatisch auf den Wellen reiten. Während hinter ihnen die Sonne am Horizont verschwindet, bieten uns mehrere Ticos Marihuana an. Wir lehnen dankend ab, doch für sie ist es Tagesgeschäft. Viele Rastafaris haben sich an der Karibikküste niedergelassen und verleihen ihr ein besonderes, karibisches Flair, das mit keiner anderen Region des Landes vergleichbar ist.

Spätabends kehren wir in unsere Unterkunft zurück. Erst jetzt kommt mir unser stickiges Zimmer wieder in den Sinn, das ich während des Tages völlig vergessen hatte. Vollgestopft mit bunten Eindrücken fällt es mir heute leichter, damit umzugehen. Trotzdem bin ich froh, als ich am dritten Morgen meine Tasche packe. Bis plötzlich zwei Faultiere zu meinem Blickfang im Garten werden.

Bislang habe ich diese putzigen Tiere in freier Wildbahn lediglich als kleine Punkte etwa 30 Meter hoch in Bäumen gesehen, obwohl ich mir tagelang den Nacken danach verrenkt hatte. Nun sitzen gleich zwei Prachtexemplare direkt vor meiner Nase, einen Meter über mir in einem Baum. Sie tun, was Faultiere immer tun: abhängen und gähnen – und das in Zeitlupengeschwindigkeit. Ihre extrem langsamen Bewegungen haben einen Sinn: Sie sparen Energie und fallen Fressfeinden weniger auf. Faultiere verbringen fast ihr ganzes Leben auf Bäumen. An ihren Pfoten wachsen lange Krallen, mit deren Hilfe sie sich kopfüber an Ästen einhängen. In dieser Haltung machen sie fast alles: schlafen, essen, sich paaren und Junge gebären. Nur wenn sie ihr Geschäft verrichten müssen, klettern sie von ihren Bäumen hinunter, einmal pro Woche!

Ich bin begeistert von diesen flauschigen Tieren, fotografiere sie geschätzte 10 000 Mal. Nach Abreise steht mir der Sinn auf einmal überhaupt nicht mehr. Viel lieber möchte ich noch möglichst lange hierbleiben. Was für ein Glück, dass wir genau in diesem Hostel übernachtet haben! Plötzlich wird dieser Ort für mich zu einem der schönsten unserer bisherigen Reise.

Du bist beschützt

An der Anlegestelle in La Pavona herrscht hektisches Treiben. Unzählige Touristen drängen sich mit schweren Koffern voran und warten darauf, in eines der schmalen, offenen Holzboote einzusteigen. Das Ziel: Tortuguero, weiter nördlich an der Karibikküste. Der Name verrät, worum es geht: Schildkröten. Tortuguero gilt als eines der wichtigsten Nistgebiete weltweit. Zwischen Juli und Oktober legen tausende Grüne Meeresschildkröten hier bis zu 150 Eier pro Weibchen ab und verschwinden dann wieder im Ozean. Wenig später schlüpfen die Jungtiere und finden alleine intuitiv ihren Weg ins Meer.

Wir verpassen dieses Schauspiel, weil wir zu einem früheren Zeitpunkt im Jahr hier sind. Trotzdem zieht es uns nach Tortuguero, denn seine einzigartige Tierwelt und besondere Lage machen diesen Ort unvergleichlich. Das Gebiet erstreckt sich über ein ausgedehntes Netz aus Wasserwegen, Lagunen und Feuchtgebieten und ist nur via Flugzeug oder Boot zugänglich. Autos sind hier untersagt.

Als wir zusammen mit 30 anderen Gästen in eines der schmalen Motorboote steigen, führt der Fluss wenig Wasser. Immer wieder sitzen wir unterwegs auf Grund fest. Der Außenbordmotor schafft es nicht, uns aus eigener Kraft zu befreien. Unser Kapitän steigt mehrmals ins knietiefe Wasser und schiebt das vollbeladene Boot frei – obwohl in dem Fluss gefährliche Tiere leben. Er verteilt einige Passagiere auf andere Sitzplätze, um das Gewicht auszugleichen. Die Fahrt dauert zwar deutlich länger als geplant, ist aber ein Abenteuer und führt uns vorbei an urzeitlich anmutenden Leguanen und Kaimanen, die zur Familie der Alligatoren gehören. An einer Stelle passieren wir ein riesiges Krokodil, bevor wir in Tortuguero ankommen.

Die Gegend mit ihrem Nationalpark ist eine Schönheit: Einsame Sandstrände wechseln sich mit üppigem Regenwald ab. Während einer Entdeckungstour springt mir eine Hinweistafel ins Auge, die anzeigt, wie man sich bei einer Jaguar-Sichtung verhalten soll. Ich präge mir alles genau ein, bevor wir das Gebiet durchstreifen.

Auf einen Jaguar treffen wir nicht, aber als wir zurück sind, habe ich eine andere außergewöhnliche Begegnung: An einem Tisch aus einer Kabeltrommel schreibe ich unter Palmen am Meer einen Reisebericht. Ein angenehmer Wind weht, das Meer spült leise Wellen an den Strand, und ein Ara zwitschert aus einer Palme herunter, während ich hoffe, dass mir keine Kokosnuss auf den Kopf fällt. Plötzlich läuft ein costa-ricanisches Mädchen zu mir, im Schlepptau hat es seinen kleinen Bruder, und schenkt mir ein selbstgebasteltes Papierherz. »Pura Vida« hat es darauf geschrieben. Es gibt mir zu verstehen, dass es Rosaria heißt und zehn Jahre alt ist. Ihr Bruder Isaak ist sechs Jahre alt. Die Kleine möchte wissen, wer ich bin, was ich mache und wohin meine Reise weitergeht. Ich verrate ihr, dass ich Kinderbücher schreibe, und schenke den beiden Lesezeichen mit meinen Tierfiguren. Dabei fällt mir die tiefere Bedeutung ihrer Fragen auf: Wer bin ich? Womit verbringe ich meine Zeit? Und wohin führt meine Reise in diesem Leben?

Während ich noch darüber nachdenke, breiten die beiden Kinder an einem benachbarten Kabeltrommeltisch selbstgemachte Armbänder und Lederketten aus, die sie den Touristen präsentieren. »Interessant, in dem Alter schon geschäftstüchtig«, denke ich. Ihre Kunstwerke sind wirklich hübsch, ich frage Rosaria, welches Stück sie mir empfiehlt. Sie zeigt auf ein geflochtenes Lederarmband mit einem Stein in Form eines »blauen Auges« daran. »Das ist ein Symbol. Es bedeutet, dass etwas Größeres da oben immer auf dich aufpasst. Nimm das mit auf deine Reise. Wo auch immer du hingehst, damit bist du beschützt«, gibt sie mir mit strahlenden Augen, einem Fingerzeig zum Himmel und einem Gemisch aus Spanisch und Englisch zu verstehen. Ich bin gerührt von Rosarias Geste. Mit ihrem Stein bin ich sicher, überall – damit kann mir auf unserer Weltreise einfach rein gar nichts mehr passieren.

Glücksgeheimnis eines Ticos

Yoaquin führt uns in Caño Negro, im Norden Costa Ricas, in einem Boot hinaus auf die Lagune La Capilla und den Fluss Río Frío. Sein Leben begann vor 21 Jahren in einer armen Familie in einem kleinen benachbarten Dorf. Ein Ort, an dem die Natur wesentlicher Bestandteil des Lebens der Einwohner ist. Yoaquin hat fünf Halbgeschwister von seinem Vater und drei von seiner Mutter.

Seit fünf Jahren begleitet er als Guide Bootstouren. Sein Vater hat ihn dazu ermutigt. Anfangs folgt er seinem Vorschlag widerwillig, nur um Geld zu verdienen und dafür Süßigkeiten zu kaufen. Doch mittlerweile hat sich seine Zurückhaltung in Leidenschaft verwandelt. Es macht ihn glücklich, anderen Menschen die Schönheit seiner Heimat zu zeigen und sein Wissen über die Natur weiterzugeben.

Yoaquin kennt die Gegend wie seine Westentasche. Er gibt uns einen Einblick, wie die Menschen in diesem Teil Costa Ricas die exotische Tierwelt nutzen: »Siehst du diese Termitenhügel? Wir verwenden sie, um Moskitos zu bekämpfen: Wir reiben uns die Haut mit dem Inneren eines Termitenhügels ein, das Erde, Speichel und Exkremente enthält. Oder wir zünden einen Teil des Hügels an – der Rauch vertreibt Moskitos auch.« Er blickt sich um. »Da drüben sitzt ein Leguan. Einige Menschen in Costa Rica essen die

Weibchen. Ich habe das einmal probiert, aber das ist nichts für mich«, erzählt er, während er mir Tiere zeigt, die ich ohne seine Hilfe vermutlich übersehen hätte.

Yoaquin hat Augen wie ein Luchs. Keine zehn Sekunden später deutet sein Finger auf einen Kaiman. »Die kommen nur raus, wenn die Sonne scheint, bei Regen bleiben sie im Wasser. In dieser Lagune leben 90 Kaimane. Die älteren Tiere fressen einmal pro Woche. Das Problem ist, sie jagen Enten. Menschen greifen sie nicht an, aber die Krokodile tun es. Hier in der Gegend haben wir auch etwa 20 Krokodile«, erzählt Yoaquin. Sein Wissen über die heimische Tierwelt ist groß. Mein Blick fällt nicht nur auf den Kaiman, sondern auch auf ein Hinweisschild, auf das in dicken Lettern »No swimming« und ein Krokodil gemalt ist.

Der in der Sonne ruhende Kaiman wirkt vollkommen entspannt, ähnlich wie die Menschen in dieser Gegend. »Sind die Leute hier gelassener als in der Stadt?«, frage ich Yoaquin.

»Ja, in Caño Negro und den umliegenden ländlichen Gebieten leben ungefähr 1000 Menschen, im Ortszentrum sind es nur 150 – sie alle sind wirklich entspannt und glücklich. Hier draußen ist das Leben einfacher. Nachts spazierst du durch den Ort und siehst keine Menschen. Du kannst mitten im Park schlafen und dich entspannen. Das ist in den großen Städten anders. In San José nachts durch die Innenstadt zu spazieren, ist gefährlich. Wenn du dort im Park schläfst, hast du wahrscheinlich am nächsten Morgen kein Handy mehr«, erzählt Yoaquin und fügt hinzu, dass die Einwohner der Städte oft gestresst und deshalb weniger glücklich sind.

Dann verrät er mir, was die Menschen in dieser Gegend glücklich macht. »In der Stadt ist viel Lärm, Verschmutzung und es gibt ein paar merkwürdige Leute. Hier auf dem Land sind die Menschen nicht verrückt nach Geld. Sie haben genug, um von Tag zu Tag zu leben und ihr Haus zu reparieren. Vielleicht kaufen sie sich ein kleines Auto, um in der Gegend herumzufahren, und das war es. Damit sind sie zufrieden«, erklärt der junge Costa Ricaner, während wir durch die Landschaft streifen.

»Hast du Träume?«, erkundige ich mich und lasse mich von seiner Begeisterung anstecken.

»Ja! In den ersten zwölf Jahren meines Lebens bin ich in sehr einfachen Verhältnissen aufgewachsen. Wir konnten nicht an den Strand gehen oder andere Orte im Land besuchen. Jetzt möchte ich neue Erfahrungen sammeln. Ich träume davon, die Welt zu entdecken: neue Orte, andere Kulturen, unbekannte Flora und Fauna. In ein oder zwei Jahren möchte ich ein digitaler Nomade sein, verschiedene Sprachen lernen, andere Länder bereisen und von überall auf der Welt arbeiten«, schwärmt Yoaquin.

Seine Träume klingen lebhaft. »Weißt du, wie du das anstellen kannst?«, hake ich nach, beeindruckt von seinem Vorhaben.

»Ja, in den letzten zehn Jahren, seit die Firma Intel hierhergekommen ist, haben sich die Leute vermehrt mit Technologie und Englisch beschäftigt. Costa Rica ist ein Touristenziel, und ich musste Englisch lernen, um im Tourismus zu arbeiten. Wir haben viele Technologieunternehmen, die gute Gehälter und Homeoffice anbieten. Einige meiner Freunde und Familienmitglieder arbeiten als Programmierer oder digitale Designer.

Ich selbst studiere Informatik, weil ich auch Programmierer werden möchte – Webseiten bauen. Als Guide arbeite ich nur noch in den Semesterferien. Das Leben hier auf dem Land ist ein großer Kontrast zum Studium in der Hauptstadt«, verrät Yoaquin.

Jetzt bin ich perplex. Dass der junge Naturbursche vom Land in der Hauptstadt Informatik studiert, damit hatte ich nicht gerechnet. »Hast du eine Strategie, wie du deine Reisepläne mit deinem Job als Programmierer verwirklichen kannst?«, frage ich interessiert weiter.

»Nicht spezifisch. Ich möchte dieses Gefühl der Leere in mir zulassen und füllen. Ich möchte mir zuhören und mich wirklich fühlen. Und später eine kleine Farm aufbauen, in meinem eigenen kleinen Haus leben. Wahrscheinlich in Caño Negro, mit Kühen, von denen ich die Milch trinke. Aber ich möchte nicht mein ganzes Leben hier verbringen.

Ich habe keinen genauen Plan für die nächsten zehn Jahre. Aber ich weiß, dass ich reisen möchte und nach 30 oder 35 Jahren nicht mehr für Geld arbeiten möchte, sondern als Hobby, auf meiner Farm. Da lebe ich dann Tag für Tag und bin zufrieden«, reflektiert Yoaquin und denkt eine Weile nach.

Dann sagt er: »Wenn du immer einem Plan hinterherjagst, lebst du nicht. Entspann dich einfach, so wie die Kaimane, die sind immer entspannt. Sicher ist es wichtig, kleinere Pläne für das nächste Jahr zu machen, aber nicht mehr. Viele Menschen hier haben keine großen Pläne, aber sie sind glücklich.

Natürlich sucht jeder nach einem Wegweiser für ein glückliches Leben. Wir werden nicht glücklich geboren, aber alle möchten ihr Leben glücklich leben und wahrscheinlich glücklich sterben. Ich denke, dass Glück wirklich wichtig ist.«

»Was ist dein Geheimnis des Glücks?«, erkundige ich mich.

»Im Hier und Jetzt zu leben, Tag für Tag. Wenn du große Pläne für die Zukunft hast und jeden Tag nur daran denkst, bist du nicht im gegenwärtigen Moment. Mein Vater hat hier fast sein ganzes Leben verbracht und ist immer zufrieden. Er sagt manchmal zu mir: ›Yoaquin, nimm dir Zeit, mach es dir leicht und entspann dich.‹

Die älteren Leute in dieser Gegend sind immer entspannt. Das Hauptziel meiner Oma ist, in die Kirche zu gehen, zu essen, morgens spazieren zu gehen und einfach zu leben. Nicht mehr. Sie hatte nie Probleme mit irgendjemandem. Es gab keine Geldsorgen. Essen war genug da, kein Kaviar, keine teuren Steaks, aber Eier, Käse, Milch, Reis, Bohnen und manchmal ein wenig Fleisch. Das war genug für sie. Mehr brauchte sie nicht, um glücklich zu sein.«

Kennst du deine Ziele?

Nachts um 2:42 Uhr holt mich mein Wecker mit sanfter Musik aus dem Tiefschlaf. Benommen steige ich aus dem Bett meines Zimmers in San José und versuche mich zu orientieren. Wo befinde ich mich und welches Ziel möchte ich heute erreichen?

In den vergangenen viereinhalb Wochen war ich in Costa Rica an zahlreichen Orten und Unterkünften mit täglich neuen Reisezielen.

Draußen kräht ein Hahn. Es ist noch stockdunkel. Hat der sich in der Zeit vertan? Ist der Vogel verpeilt, oder bin ich es?

Ich konzentriere mich: Was ist mein Ziel heute? Auf dem Weg ins Bad fährt mein Gehirn hoch: Um 3:30 Uhr wird uns der freundliche Vermieter unseres Zimmers gegen einen Nachtzuschlag zum Flughafen fahren.

Das heutige Tagesziel liegt allerdings noch gut 6500 Kilometer entfernt: in San Francisco, USA. Das zu erreichen, wird noch eine Weile dauern.

Am Flughafen angekommen, ist für mich die nächste Etappe Richtung San Francisco der Weg bis zum Check-in-Schalter. Die Schlange der wartenden Fluggäste ist bereits zu dieser frühen Stunde ungewöhnlich lang und bewegt sich die erste halbe Stunde überhaupt nicht, danach ungefähr so schnell wie ein Faultier – in Zeitlupe.

Die beiden Damen am Schalter scheinen es nicht eilig zu haben, benötigen 15 Minuten, um einen Passagier abzufertigen. Naja, bis zu unserem Abflug um 6:00 sind immer noch anderthalb Stunden Zeit.

Beim Blick auf die Anzeigetafel bin ich schlagartig hellwach. Unser Flug über Los Angeles nach San Francisco ist nicht aufgeführt! Der Flug unter unserer Nummer geht nach Guatemala-Stadt.

Es dauert eine Weile, bis ich mich von dem Schrecken erhole und herausfinde, dass der Flug nach Los Angeles einen Zwischenstopp in Guatemala einlegt. Ups. Ein kleiner Umweg.

Um 4:45 Uhr sind Kay und ich bis zum Check-in vorgedrungen und legen alle nötigen Unterlagen vor: Buchungspapiere, Pass, Impfpass, ESTA-Einreiseerlaubnis und die Zieladresse für unseren USA-Aufenthalt.

Trotzdem geht es für uns hier erstmal nicht weiter. Die Dame am Schalter hat schlechte Nachrichten: Der Flug ist völlig überbucht, und da wir nicht vorher online eingecheckt haben, ist unklar, ob wir mitfliegen können. Dass wir extra früh für den Check-in am Flughafen waren, zählt nicht.

Falls wir nicht mitfliegen können, werden wir den Anschlussflug nach San Francisco verpassen, und es ist fraglich, ob wir die erste Übernachtung dort in Anspruch nehmen und den bereits angemieteten Camper wie vereinbart abholen können.

Plötzlich wird eine Selbstverständlichkeit zu meinem neuen Tagesziel: Ich möchte wirklich gerne den geplanten Flug erwischen.

»Pura Vida«, geht es mir durch den Kopf. Diese Worte begleiten mich seit Wochen. Auch das ist jetzt ein neues Ziel, Gelassenheit. Wie erreiche ich es in diesem Moment?

Indem ich die Sache mit Humor nehme. Früher oder später werden wir unser Ziel in San Francisco erreichen. Jetzt gelingt es mir, zu schmunzeln.

5:15 Uhr, also gut 90 Minuten nach unserer Ankunft am Flughafen, halte ich unsere Flugtickets in der Hand. Keine Ahnung, wieso das jetzt doch geklappt hat. Es ist bereits Boarding-Zeit. Glücklicherweise verlaufen sowohl die Pass- als auch die Sicherheitskontrolle vergleichsweise raketenschnell.

Direkt am Gate befindet sich ein Café. Statt wie geplant nach dem Check-in zu früher Stunde in Ruhe zu frühstücken, ist mein neues Etappenziel, schnell einen Kuchen auf die Hand und einen Cappuccino to go zu kaufen, in dieser Situation wohl eher ein »Cappuccino on the fly«.

Das Boarding ist bereits in vollem Gange. Im Vergleich zur Schlange beim Check-in verkürzt sich diese deutlich schneller. Das Beste aus der Situation herauszuholen, nehme ich mir jetzt vor. In diesem Fall ist das der Flug, inklusive Cappuccino und Kuchen.

Gerade noch rechtzeitig bekomme ich das ersehnte Heißgetränk, eile mit ihm und mit dem Kuchen ins Flugzeug und genieße beides auf meinem Sitz. Ich freue mich wie eine Schneekönigin darüber, denn Selbstverständlichkeiten sind keineswegs immer selbstverständlich.

Als wir unser Tagesziel San Francisco erreichen wie geplant, wird mir einmal mehr bewusst, wie wichtig es ist, die eigenen Ziele zu kennen und ausdauernd zu verfolgen, egal ob auf Reisen, im Job, in der Partnerschaft oder anderen Lebensbereichen. Ich nehme mir vor, meinen Fokus fest darauf gerichtet zu halten, besonders, wenn äußere Umstände mich leicht ablenken können.

Polarlichter

Mehr Einblicke in die Reise findest du in diesem Video:

Leuchtender Horizont –
mein Traum wird wahr!

Die Begegnung mit
den Polarlichtern
ist atemberaubend.

Das Faultier über mir macht, was Faultiere den ganzen Tag machen – abhängen und gähnen.

Lass deine Probleme hinter dir – an der Pazifikküste in Costa Rica.

Costa Rica

Gefahren lauern überall – sogar am Traumstrand.

Glück ist ... ein Sonnenuntergang am Meer!

Mein Lieblingsarbeitsplatz: an einem Kabeltrommeltisch unter Palmen direkt am Meer.

Welt der Wunder: Im Antelope Canyon X wechseln hinter jeder Biegung Farben und Formen.

Freiheit und gute Laune pur – im Yosemite Nationalpark, Kalifornien, USA.

USA

Aus zwei Töpfen voller Schnee wird eine Minipfütze Wasser.

Nach stundenlanger Fahrt durch die Wüste taucht plötzlich schrill und bunt die Glücksspielmetropole Las Vegas auf.

Im Einklang mit der Natur und mir selbst – ein Glücksmoment.

Traumziel erreicht: das Inselparadies Tonga im Südpazifik.

Tonga

Ein Bügelbrett muss als Schreibtisch herhalten, an dem ich meine Friedolins Freunde-Bücher für eine Lesung auf Englisch übersetze.

Beim Blick aus unserem Zimmer im Norden Tongas kann ich gut abschalten.

Am Kindertag auf Tonga werfen sich die Einheimischen traditionell in Schale.

Fast jeden Tag beginne ich mit Sport. Beim Sonnenaufgang am Strand bringt das besonders viel Energie.

Ein Herz für Tiere. Auf John's Farm teilt sich Sau Prickels das Futter mit Pfauen und Enten.

Hochaktiv und majestätisch: die schneebedeckten Vulkane im Tongariro Nationalpark.

An den Craters of the Moon in Neuseeland brodelt und dampft die Erde überall.

Neuseeland

Futuristisch: das Hotel Marina Bay Sands in Singapur. Die Aussicht von oben ist sensationell.

In Singapur ist vieles verboten...

.... sogar auf der
Treppe zu sitzen.

Singapur

Blickfang unten: Die 50 Meter hohen, künstlichen Supertrees in den Gardens by the Bay.

WEST-USA: YOU ONLY LIVE ONCE

Leben und Tod liegen nah beieinander

Sich mit anderen Menschen zu vergleichen, führt oft zu Unzufriedenheit. Auch Orte miteinander zu messen, macht das Leben kompliziert. Ich versuche, es zu vermeiden. Als ich in San Francisco ankomme, ist der Kontrast zu Costa Rica jedoch so extrem, dass ich die Unterschiede nicht ignorieren kann: Das Essen, die Leute, die Preise – alles ist völlig anders. In San Francisco ist es an diesem Tag 25 Grad kühler als in San José, und als ich abends nach unserer Einreise in einem Supermarkt zwei Bananen kaufe, haut es mich beinahe aus den Socken: Fast 3 Euro blättere ich dafür hin. In Costa Rica hätte ich für diesen Preis wahrscheinlich eine ganze Plantage bekommen. Zumindest gefühlt.

Doch die Dinge zu bewerten, bringt mich nicht weiter. Also nehme ich sie, wie sie sind, und erledige am Tag nach unserer Ankunft auch in den USA zunächst »Orgakram«: den Camper abholen, mit dem wir für vier Wochen unterwegs sind, Lebensmittel besorgen und eine SIM-Karte organisieren, damit wir im neuen Reiseland unsere Handys benutzen können.

Letzteres wird überraschenderweise in den USA zum Geduldsspiel. Das liegt an den Sanktionen gegen China, die Ex-Präsident Trump verhängt hatte und die uns einen Strich durch die Rechnung machen. »Your phones are illegal in the US«, höre ich mehr als einmal – für unsere chinesischen Geräte von Xiaomi und Huawei SIM-Karten zu bekommen, dauert mehrere Stunden. Nachdem zwei Karten nicht funktioniert haben, schafft es ein besonders geduldiger Mitarbeiter im dritten Mobilfunkshop mit einem mir nicht erklärlichen Trick endlich, eine Karte zu aktivieren. Auch wenn es teuer ist, jetzt haben wir wieder Kontakt zu unserem Sohn in Neuseeland und zu Eltern und Freunden in Deutschland. Das ist es allemal wert!

Gegen Abend fahren wir mit dem Camper durch San Francisco, über die Golden Gate Bridge und übernachten direkt neben dem berühmten Wahrzeichen mit Blick auf die Skyline der Stadt. Der Mond scheint um die Wette mit tausenden Lichtern – ein einzigartiges Erlebnis, das ich an diesem Abend noch lange auskoste. Es fühlt sich ganz anders an als ein Abend zuhause auf der Couch vor dem Fernseher. So viel freier, bewusster und lebendiger. Ich genieße diese Freiheit in vollen Zügen.

Am nächsten Morgen wartet dann allerdings eine böse Überraschung, als wir über die Golden Gate Bridge in Richtung Innenstadt schlendern. Ich schwebe gerade im siebten Himmel, finde es unglaublich ergreifend, einen Fuß nach dem anderen auf dieses berühmte Wahrzeichen der Technik zu setzen und von hier oben bei strahlendem Sonnenschein die Kulisse zu genießen. Bis wir plötzlich an einen Punkt gelangen, an dem eine Seite der Brücke gesperrt ist. Wir müssen auf den Radweg auf der anderen Fahrbahnseite ausweichen, was uns Klingelkonzerte und wilde Beschimpfungen einbringt. Doch davon lasse ich mich nicht aus der Ruhe bringen. Schockiert bin ich erst, als ich erfahre, weshalb der Fußgängerweg gesperrt ist: Ein Mensch hat sich gerade mit einem Sprung in die Tiefe das Leben genommen.

Ad hoc schlagen meine Emotionen um: Aus purer Lebensfreude wird tiefes Bedauern. Dass sich jemand mitten auf der symbolträchtigen Golden Gate Bridge dafür entscheidet, sein Leben zu beenden, während ich zur selben Zeit fröhlich pfeifend die Schönheit des Augenblicks genieße, versetzt meiner Stimmung einen ordentlichen Dämpfer. Freude und Leid sind manchmal eng beieinander. Auch Leben und Tod können nur einen Schritt weit entfernt liegen. Beides gehört zu uns Menschen dazu. Mir wird klar, wie wichtig es ist, den Blick und die Gedanken auf das Positive im Leben zu richten, auf das Hier und Jetzt, auch wenn das manchmal ein Balanceakt ist. So lege ich gedankenverloren die 1300 Meter über die berühmte Brücke zu Fuß zurück.

Am anderen Ende komme ich wieder mitten im Leben an. Es herrscht so viel Trubel, dass ich keine Chance habe, meiner traurigen Stimmung weiter nachzuhängen. Unzählige Jogger überholen mich, teilweise in großen Gruppen – es findet gerade ein Halbmarathon in San Francisco statt.

An diesem Samstagmorgen nehme ich die besondere Atmosphäre der Stadt so bewusst wahr wie selten an einem anderen Ort zuvor. An jeder Ecke pulsiert das Leben, überall gibt es etwas Neues zu entdecken: von hunderten Seelöwen, die am Pier 39 an der Fisherman's Wharf eine lustige Show abliefern, über die berühmten Wendeplätze der Cable Cars bis hin zum lebendigen Treiben in Chinatown. Besonders das ehemalige Hochsicherheitsgefängnis Alcatraz auf der vorgelagerten Insel zieht mich mit seiner Geschichte über die Insassen und deren waghalsige Ausbruchsversuche in seinen Bann.

Als wir uns abends müde, aber zufrieden von den Eindrücken des Tages am Stellplatz neben der Golden Gate Bridge in den Camper verkriechen, ahne ich noch nicht, dass wir diesen faszinierenden Ort schon bald Hals über Kopf verlassen werden.

Überschwemmung

»Die Brücke ist weg!«, rufe ich am nächsten Morgen Kay zu. Als ich aus dem Fenster blicke, traue ich meinen Augen kaum: Nebel hat sich so dicht über die Bucht gelegt, dass die Golden Gate Bridge in einer mysteriösen Wolke verschwunden ist. Dazu prasselt Regen unablässig auf den Camper, begleitet von eisigem Wind und Temperaturen knapp über dem Gefrierpunkt. Mich fröstelt es. Die Sichtweite beträgt nur wenige Meter. Von San Francisco auf der anderen Seite der Brücke ist nichts mehr zu sehen.

Wie ungemütlich dieser Ort heute aussieht, ganz anders als am Vortag bei Sonnenschein. Doch davon ich lasse mir nicht die Laune verhageln. Wozu gibt es wetterfeste Kleidung?

Allerdings zeigt der Sonnenstaat Kalifornien bereits seit einigen Wochen ungewohnte Wetterseiten: Schlagzeilen über Starkregen, Überschwemmungen und Schneestürme dominieren die Nachrichten. Auch in San Francisco sind einige Gebiete von Hochwasser betroffen. Unsere ursprüngliche Idee, von hier aus zum Yosemite Nationalpark zu fahren, fällt vorerst buchstäblich ins Wasser, denn dieser ist aufgrund der extremen Witterung geschlossen.

Der Scenic Drive entlang der Westküste Richtung Süden ist wegen Erdrutschen in jüngster Vergangenheit ebenfalls an einigen Stellen gesperrt, und er scheint ohnehin bei dem dichten Nebel mehr »Drive« und weniger »Scenic« zu sein. Unsere Alternativen schwinden. Doch zum Glück sind wir flexibel. Im Camper sowieso, deshalb liebe ich diese Art zu reisen.

Spontan steuern wir in strömendem Regen die Muir Woods an, die letzten verbliebenen Küstenmammutbäume in der Nähe von San Francisco. Noch ahnen wir nicht, dass sich diese Entscheidung als verhängnisvoll erweist und zu einer unerwarteten Wendung unserer Reise führt.

Aufgrund des Starkregens geraten wir sehr plötzlich neben einem Fluss auf eine überschwemmte Straße. Es bleiben nur Sekunden, um zu reagieren. Rückwärtsfahren ist mit dem Wohnmobil in den schlagartig steigenden Fluten keine Option. Von vorne kommt uns ein Auto durch das Hochwasser entgegen. Das Wasser spritzt in hohem Bogen auf, seine Räder sind nur noch zur Hälfte zu sehen. Als wir einen kurzen Augenblick vor einer roten Ampel warten, ist der Camper auf einmal vom Wasser umspült. Die Situation wird kritisch. Wir haben keine Wahl, wir müssen da durch. Schnell!

Schaffen wir es? Bleiben wir liegen? Dringt Wasser ins Fahrzeug ein? Meine Gedanken überschlagen sich und mein Puls steigt noch schneller als das Hochwasser. Ich spüre meinen Herzschlag. Solche Wassermassen habe ich auf der Straße noch nie erlebt.

Auch Kay am Steuer merke ich die Anspannung an. Ich halte den Atem an, als er Gas gibt und den Camper durch das Hochwasser navigiert.

»Wohin sollen wir fahren?«, fragt er mich. Gute Frage. Ich weiß es nicht. Die Strecke vor uns ist komplett überflutet. Nervös schaue ich mich um. Wie aus dem Nichts sehe ich plötzlich ein Schild aus dem Wasser ragen, das links Richtung Highway weist. Meine innere Stimme ruft nur ein Wort: »Abbiegen!« Ich vertraue meiner Intuition und gebe Kay diese Aufforderung weiter: »Bieg links auf den Highway ab, schnell!« Er reagiert augenblicklich und lenkt das sechs Tonnen schwere Wohnmobil durch die steigenden Fluten nach links. Eine Entscheidung, die sich als richtig erweist.

Die Straße führt leicht bergauf. Nach ein paar nervenaufreibenden Minuten lassen wir die Überschwemmung hinter uns und erreichen den Highway. Hier sind wir in Sicherheit. Jetzt erstmal durchatmen und neu sortieren.

Während der Fahrt überlegen wir, wohin unsere Reise nun weiterführen soll. Auch die Muir Woods sind unter diesen Extrembedingungen keine Option mehr. Also beschließen wir spontan, der Küste den Rücken zu kehren und stattdessen das Weite zu suchen. Dafür gibt es keinen besseren Ort als die Wüste! Die Trockenheit wirkt verlockend nach diesem Abenteuer und der Highway Nummer 5 Richtung Südosten wird unsere neue Route.

Wir fahren den ganzen Tag, durch endlose Weiten, vorbei an unzähligen Rapsfeldern und Apfelplantagen. Mit jedem Kilometer klart der Himmel weiter auf, die Sonne bricht durch die Wolken und taucht die Natur in gleißendes Licht.

Spätabends erreichen wir schließlich den Joshua Tree Nationalpark. Die Wüste empfängt uns mit einem klaren Sternenhimmel. Fernab von Küste und Regen kommen wir hier nach dem abenteuerlichen Wendepunkt unserer Reise zur Ruhe.

Ort des Horrors

Die Sonne bahnt sich ihren Weg durch ein Labyrinth unzähliger Felsbrocken und Joshua-Bäume, eine Yucca-Art, die sich vor mir in den Himmel recken. Mythen ranken sich um diese skurrilen Pflanzen – angeblich hausen Geister und Fabelwesen in ihnen. Ihr einzigartiges Aussehen und ihre Fähigkeit, unter den rauen Wüstenbedingungen zu überleben, verleihen ihnen den Ruf von Standhaftigkeit und besonderen Kräften. Um sie herum bilden massive Felsformationen bizarre Gestalten, wirken wie Wächter, umgeben von abertausenden kleinen und großen Steinen, so weit das Auge reicht. Achtsam setze ich einen Fuß vor den anderen, denn unter den Steinen verbergen sich oft Klapperschlangen, die in dieser unwirtlichen Landschaft Schutz suchen. Wir sind im Joshua Tree Nationalpark.

Die Steinwüste verspricht eine verlockende Kletterpartie. Nach der langen Fahrt von der Küste am Vortag bin ich dankbar für die sportliche Abwechslung.

Plötzlich erreichen wir einen mysteriösen Ort, ausgewiesen als »Hall of Horror«. Ein Name, der mehr verspricht als Fels und Gestein. Was mag sich dahinter verbergen? Neugierig klettere ich weiter voran, bis klar wird, dass es sich um eine Landschaft voller Überraschungen und Nervenkitzel handelt: ein Wirrwarr aus verwinkelten Pfaden, unerwarteten Sackgassen, Engpässen und kühnen An- und Abstiegen innerhalb der Felsen.

Weder Höhe noch Enge sind meine Freunde – doch diese Herausforderung nehme ich an. Ich quetsche mich durch Gesteinsspalten und krieche auf allen Vieren zwischen mächtigen Felsen hindurch. Eine Frau vor mir bleibt in einer Enge zwischen zwei Felsen stecken. Nicht gerade ermutigend, doch als ihr Mann von hinten schiebt und die Tochter vorne zieht, schaffen sie es, sie aus der Klemme zu befreien.

Die Aktion verunsichert mich. Doch nach Kneifen ist mir nicht zumute. Ich schaue an mir hinab und stelle fest, dass ich schlanker bin als meine Vorgängerin. Ich spreche mir selbst Mut zu, wie ich es bei meinem Sohn tun würde, und achte auf meine Körperhaltung. Ich erinnere mich, wie wichtig Haltung und Ausstrahlung für das Selbstvertrauen sind: Bewegst du dich mit aufrechter Wirbelsäule, federndem Gang und einem Lächeln, so als ob du ein Ziel bereits erreicht hättest, strahlst du Selbstsicherheit nach innen und außen aus.

Also nehme ich den Kopf hoch, richte den Blick nach vorne und ziehe den Bauch ein. »Versuch macht klug«, denke ich voller Tatendrang und wage mich durch die Engstelle.

Zentimeter um Zentimeter schiebe ich mich voran. Ich spüre die mächtigen Felsen am Bauch und am Rücken. Jede Bewegung ist ein Abenteuer, ein Zusammenspiel von Selbstvertrauen und Achtsamkeit. Ich gehe bewusst an meine

Grenze und wachse dabei über mich hinaus. So schaffe ich es und komme auf der anderen Seite an! Als ich das Hindernis überwunden habe, bin ich stolz und einfach nur glücklich. Bemerkenswert, wie wir mit unseren Herausforderungen wachsen, wenn wir uns auf unsere Fähigkeiten verlassen und durch sie hindurchgehen!

Auf der Suche nach Glück

Stundenlang rollen wir mit dem Camper durch die Weite der Mojave-Wüste. Mitten aus dem Nichts erhebt sich plötzlich Las Vegas – die Weltmetropole des Entertainments. Der erste Anblick dieser pompösen Stadt in der endlosen Wüstenlandschaft wirkt grotesk auf mich, wie ein Fremdkörper, eine bizarre Fata Morgana. Was für ein schriller Kontrast, der mich fasziniert und gleichzeitig empört. »Das gehört hier nicht hin«, denke ich.

Casinos und Glücksspiel sind nicht wirklich mein Fall. Doch da ich auf unserer Weltreise auf der Suche nach den Geheimnissen des Glücks bin und Las Vegas auf unserer Strecke liegt, legen wir einen Stopp ein.

In der Tiefgarage unter dem »Planet Hollywood«-Hotel finden wir für den Camper eine kostenfreie Abstellmöglichkeit für die Nacht, direkt am »Strip«, der Hauptvergnügungsmeile der Stadt. Mit diesem Parkplatz haben wir definitiv schon einmal Glück.

Als ich aus dem Untergrund an der Oberfläche auftauche, bin ich dann doch eher geflasht als glücklich. Überall leuchten groß und grell Lichter und Neonschriften. Riesige Bildschirme und Leinwände, prunkvolle Gebäude und Nachbildungen internationaler Wahrzeichen reihen sich aneinander, darunter viele Themenhotels und -restaurants: der Eiffelturm, das Empire State Building und sogar Venedigs Kanäle, auf denen nachgebaute Gondeln schaukeln. Die Gebäude umfassen gigantische Casinos, zahllose Läden, Bars und Restaurants. Ein Luxusshop liegt neben dem anderen: Gucci, Louis Vuitton, Cartier, Tiffany, Dior.

Einige der Bauwerke sind über Gänge miteinander verbunden, in einem befindet sich sogar ein künstlicher Himmel unter der Decke. Im Sommer bei 40 Grad Hitze mag es angenehm sein, sich in den klimatisierten Räumen aufzuhalten und dort in den »Himmel« zu schauen. Mir ist das an Ostern bei frühlingshaftem Wetter zu viel. Ich ziehe so oder so den echten Himmel vor.

»Was für eine künstliche Welt mitten in der Wüste. Macht Menschen das glücklich?«, geht es mir durch den Kopf, als mir drei leicht bekleidete Damen mit riesigen Federboas auf dem Kopf mit einem etwas zu unechten Lächeln auf die Schulter tippen. Die Showgirls bieten mir an, ihnen für einige Dollar auf den Hintern zu klapsen. Ich verzichte dankend. Ein paar Schritte weiter drückt eine alte Asiatin Kay eine Visitenkarte mit Sexangeboten in die Hand, als wäre es das Selbstverständlichste auf der Welt. Dass ich neben ihm gehe, stört die Frau nicht im Geringsten.

An der nächsten Ecke holt ein Mann zwei riesige Boas aus einer Sporttasche, legt sich eine um den Hals und streckt mir die andere entgegen. Ich schlage einen Bogen um ihn. Dabei fällt mein Blick im Getümmel auf eine am Boden sitzende Frau. Sie trägt einen umgestülpten Spielzeugeimer auf ihrem Kopf und einen Zettel an ihrer Brust, dem ich entnehme, dass sie eine Hexe ist und Passanten für zwei Dollar eine Umarmung verkauft.

Was für eine verrückte Oase! Nicht nur das visuelle Spektakel hat es in sich, sondern auch die überdimensionierten akustischen Reize. Extremer könnte der Gegensatz zur Stille der Wüste nicht sein. Das Laute, Bunte, Schrille scheint hier völlig normal zu sein. »Was ist eigentlich normal? In Las Vegas, zuhause und für mich selbst? Ist ›normal‹ immer gleichbedeutend mit ›gut‹? Das empfindet wohl jeder Mensch anders. Normalität vermittelt zumindest eine gewisse Sicherheit, die wichtig ist. Doch ich habe mich ja gerade auf diese Reise begeben, um Abenteuer zu erleben und meinen einzigartigen Weg zu gehen, mit dem ich mich von anderen Menschen unterscheide«, überlege ich.

In jedem Fall übt diese Stadt eine gewisse Faszination auf mich aus. Ein Blick in die Casinos zeigt riesige Bereiche mit Spielautomaten und Spieltischen. Wartet hier das große Glück? Ich wage mich an einen einarmigen Banditen, setze zwei Dollar – und verliere. Glücklich macht mich das nicht. Unglücklich auch nicht.

Kay hat mehr Glück: Er wirft fünf Dollar in einen Spielautomaten, zieht am Hebel – kurz darauf ertönt ein nicht enden wollendes »Pling, pling, pling ...« und die Maschine wirft einen Gutschein über 63,50 Dollar aus. Ich bin sprachlos, Kay ist belustigt.

Als ich mich umsehe, fällt mir auf, wie elegant die Menschen an den unzähligen Spieltischen und Automaten gekleidet sind. Ihr Duft nach teurem Parfüm steigt mir in die Nase. Sie alle hoffen auf das große Glück. Aber kommt es wirklich von diesen Maschinen und Tischen?

Bei genauerem Hinsehen bemerke ich, dass die meisten Gesichter weder fröhlich noch zufrieden aussehen, sie vermitteln eher Anspannung als Glück. »Mehr Schein als Sein?«, frage ich mich. Offensichtlich macht das Glücksspiel viele nicht wirklich glücklich.

Als wir aus einem der Luxuspaläste nach draußen gehen, prallen Extreme aufeinander: Direkt vor der Tür sitzen mehrere Bettler auf den Boden gekauert – ein paar von vielen in der Stadt. Unter den Luxushotels und Casinos von Las Vegas existiert eine düstere Parallelwelt. In einem mehrere hundert Kilometer langen Tunnelsystem, das eigentlich dazu dient, die Stadt bei starken Regenfällen vor Überflutungen zu schützen, leben geschätzt weit mehr als 1000 Obdachlose. Drogenabhängige, Kriminelle und Kranke, aber auch Glücksspielopfer haben in den unterirdischen Gängen seit

Jahrzehnten ihr Zuhause gefunden. Wie viele es genau sind, weiß keiner.

Wo, frage ich mich, ist das Glück in Las Vegas? Als ich mich abends wenig stilvoll, dafür aber sehr authentisch in unser Wohnmobil in der Tiefgarage – ausnahmsweise einem weniger schönen Stellplatz ohne Blick in die Natur – unter dem ganzen Spektakel verkrieche, fühle ich mich einen Moment lang verloren. Doch dann bin ich froh, dass ich mich hier unten im vertrauten Camper zurückziehen kann.

Am nächsten Morgen rollen wir durch die Wüste, Richtung Grand Canyon. Im endlosen Nichts nehme ich bewusst die Weite und Stille der Natur wahr. Ich hole tief Luft und finde Frieden in mir – das ist für mich ein echtes Glücksgefühl!

Wasser, eine kostbare Ressource

Die Kälte erwischt uns unerwartet. Das Wetter spielt wieder einmal verrückt, die Temperaturen gehen mit jedem Kilometer weiter in den Keller. Die Nachrichten bringen Warnmeldungen über Überflutungen und Schneeeinbrüche in unserer Nähe. Für die Nacht ist Frost angekündigt, deutlich unter 0 Grad.

Am späten Nachmittag ziehen wir die Reißleine, als die Dämmerung hereinbricht. Im unscheinbaren Ort Seligman verlassen wir spontan den Highway 40. Die restlichen 200 Kilometer bis zum Grand Canyon im Dunkeln weiterfahren und noch einmal ins Hochwasser geraten wollen wir nicht.

Wir beschließen, die Nacht auf einem Parkplatz in der Nähe des Highways zu verbringen. Das Thermometer im Wagen zeigt inzwischen den Gefrierpunkt an. Damit steht eine neue Herausforderung bevor: Der plötzliche Kälteeinbruch zwingt uns, den Camper winterfest zu machen.

In der Dunkelheit finden wir eine Tankstelle, an der wir antitoxischen Frostschutz bekommen. Uns bleibt keine Wahl, als einige Liter der rosafarbenen Flüssigkeit in den Wassertank zu kippen, um ein Platzen der Tanks und Leitungen zu vermeiden. Wir duschen noch einmal auf Vorrat und schütten anschließend das Frostschutzmittel in die Tanks. Das hat Konsequenzen: Jetzt können wir Wasser im Fahrzeug nur noch für die WC-Spülung nutzen. Anders als in Costa Rica, wo wir das Leitungswasser auch nicht getrunken haben, sind jetzt auch Duschen, Händewaschen und Geschirrspülen nicht mehr damit möglich.

Als ich gelbe Post-its mit der Aufschrift »nicht benutzen« auf alle Wasserhähne klebe, um nicht aus Versehen den Zahnbecher mit dem frostschutzhaltigen Nass zu füllen, wird mir die Selbstverständlichkeit, im Alltag permanent sauberes Trinkwasser verfügbar zu haben, so richtig bewusst. Jetzt ist jeder Tropfen plötzlich eine kostbare Ressource. Wir gehen extrem achtsam damit um, verbrauchen nur das Nötigste. Zum Waschen, Zähneputzen und Kochen greifen wir auf gekauftes Trinkwasser zurück. Durch diese Einschränkung lerne ich Wasser völlig neu zu schätzen und bin dankbar, dass ich einige Gallonen auf Vorrat im Camper verstauen kann. So kommen wir gut durch die Nacht und setzen unsere Fahrt am nächsten Morgen fort.

Eiskalt erwischt

Vor mir tut sich ein Abgrund auf. Ein großer, geradezu riesiger. Genau genommen ist er 446 Kilometer lang, bis zu 26 Kilometer breit und 1800 Meter tief. Das spektakuläre Loch liegt im Nordwesten Arizonas und trägt einen Namen: Grand Canyon – eines der größten und schönsten Naturwunder unseres Planeten. Fassungslos stehe ich vor den gewaltigen Felsformationen mit ihren einzigartigen Lichtstimmungen und einer jahrmillionenalten Geschichte. Entstanden ist diese Schlucht durch den Colorado River, der sich auf seiner 2300 Kilometer langen Strecke aus den Rocky Mountains bis zum Golf von Kalifornien seinen Weg durch das Gestein gefressen hat.

Heute sehen die roten Felsen aus, als wären sie mit Puderzucker bestreut – es hat geschneit. Als ich am Rand dieser gewaltigen Naturkulisse stehe und ehrfürchtig die Felsen und Farben in der Tiefe bestaune, fühle ich mich winzig. Bis unerwartet jemand auftaucht, der noch kleiner ist als ich: ein Erdhörnchen! Es turnt unbeeindruckt und ohne Furcht am Abgrund herum. Menschenscheu ist es nicht. Das wundert mich nicht, mehr als fünf Millionen Besucher kommen jedes Jahr hierher.

Neugierig hüpft das kleine Tier auf mich zu und versucht etwas Essbares abzustauben, jedoch ohne Erfolg. Enttäuscht zieht es ab. Doch plötzlich springt es Kay hinterrücks an die Hose und klettert flink auf seine Schulter. Beide schauen sich verblüfft an. Einige Touristen machen Fotos und versuchen den Nager zu streicheln. Das ist ihm zu viel! Das Hörnchen tritt den Rückzug an und verschwindet so schnell, wie es gekommen ist, unter einen Busch.

Da hat dieses possierliche Tierchen der berühmtesten Schlucht der Erde doch glatt für einen Moment die Show gestohlen! Das gibt mir zu denken: »Ist es nicht oft so, dass kleine Dinge uns von unseren ursprünglichen, großen Zielen ablenken? Wie oft nehmen wir uns eine Sache vor oder haben einen Traum, und dann kommt etwas anderes dazwischen? Andererseits ist es wichtig, im Hier und Jetzt zu leben, wertzuschätzen, was im Augenblick passiert. Was hat nun Vorrang«, überlege ich weiter, »das große Endziel nicht aus den Augen zu verlieren oder sich dem gegenwärtigen Moment hinzugeben?« Ich entscheide mich für beides – das eine schließt das andere nicht aus, auf die richtige Mischung und Priorität kommt es an.

Mit dieser Erkenntnis wende ich mich wieder bewusst dem Grand Canyon zu und wandere tagelang mit Kay am South Rim entlang, dem südlichen Rand der Schlucht des Nationalparks.

Obwohl der Kalender längst Frühling eingeläutet hat, zeigt uns das Wetter nach wie vor die kalte Schulter. Nachts sinkt die Temperatur auf minus 12 Grad Celsius und eines Morgens ist der Camper in zehn Zentimeter tiefem Neuschnee versunken. Auf dem Parkplatz im Wald hinterlassen Rehe und Elche ihre Fußspuren im Schnee vor unserem Wohnmobil.

Das wirkt idyllisch, aber Schnee und Eis führen mit der Zeit auch dazu, dass es für uns unbequem wird. Nach wie vor haben wir Frostschutz im Tank und können das Wasser aus den Leitungen nicht benutzen. Nach einigen Tagen lässt sich eine Dusche beim besten Willen nicht länger hinauszögern. Ich schnappe mir eine Gallone kaltes Wasser, das sind knapp vier Liter, und schütte sie mir in der Nasszelle des Campers über den Körper. Meinen Kopf tauche ich fürs Haarewaschen kurzerhand in einen Kochtopf, einen anderen Behälter haben wir nicht. Back to the roots! Auch wenn es mühsam ist und ich nicht ganz so sauber werde wie sonst, macht mir diese Spardusche richtig viel Spaß.

Draußen sammle ich Schnee und schmelze ihn zu Wasser. Ein echtes Abenteuer und ebenfalls eine mühevolle Angelegenheit. Besonders, weil aus zwei großen Kochtöpfen voll Schnee nur ein winziges Rinnsal Wasser übrigbleibt. Ich bin erstaunt, Kay murmelt dazu nur etwas von »anderem Aggregatzustand«.

Doch Wasser ist nicht nur Mangelware im Camper, an einigen Stellen haben wir auch zu viel davon: Durch die permanent niedrigen Außentemperaturen kondensiert die Feuchtigkeit an den Fenstern im aufgeheizten Wohnraum. Die Folge: Die Scheiben sind von einer Eisschicht überzogen und es bilden sich Eiszapfen – und zwar innen. Das Freikratzen der Innenscheiben gehört also auch zur Tagesordnung. Nach ein paar Tagen ist meine Schulter so verspannt davon, dass ich mir ein Wärmepflaster auf den Rücken klebe – bei den frostigen Temperaturen ist das eine Wohltat für Körper und Seele.

Das einfache Leben am Grand Canyon im Camper bei Schnee und Eis eröffnet mir ganz neue Perspektiven. Nicht nur auf eines der größten Naturwunder unserer Erde, sondern auch auf die alltäglichen Wunder dieser Welt, so wesentliche wie Wasser und Wärme.

Kraftmomente

Es gibt Momente im Leben, die sind besonders kraftvoll, und du weißt intuitiv, dass du sie nicht vergessen wirst. Sie sind manchmal nur kurz, doch voller Energie, erfüllt von Freude und Glück. Sie lösen ein Strahlen und ein Gefühl von Wärme aus. Oft sind sie verknüpft mit besonderen Lebewesen oder Orten.

Einen solchen Moment erlebe ich, nachdem wir den Grand Canyon verlassen haben, ohne dass ich damit gerechnet oder ihn geplant hätte: Kurz vor dem Ort Page weist ein Schild zum Horseshoe Bend. Es ist später Nachmittag, die Sonne steht tief am Horizont, und es bleibt noch etwas Zeit für einen kurzen Abstecher. Spontan lenke ich das Wohnmobil von der Fahrbahn.

Auf einem Parkplatz stellen wir den Camper ab und laufen die letzten Meter zu Fuß, bis wir an der Kante einer gewaltigen Klippe stehen. 300 Meter unter meinen Füßen bahnt sich der blaugrüne Colorado River in Hufeisenform am Horseshoe Bend seinen Weg durch die Steilwände. Die untergehende Sonne taucht die Landschaft in ein orangerotes Licht und verbreitet mit 15 Grad Celsius eine wohlige Wärme – was sich nach der eisigen Kälte am Grand Canyon besonders angenehm anfühlt. In der Ferne trommelt jemand dem Sonnenuntergang entgegen, ansonsten herrscht Stille.

Es mag kitschig klingen, doch für mich ist die Atmosphäre magisch. Ich schließe die Augen, atme tief ein und komme an, unterwegs, mitten auf meiner Weltreise voller bunter Eindrücke, im Einklang mit dieser wunderschönen Natur und mit mir. In diesem Moment, an diesem Ort scheint die Zeit stillzustehen.

Ähnlich ergeht es mir bereits einen Tag später an einem bemerkenswerten Ort ganz in der Nähe. Das geheimnisvolle »X« ist untrennbar mit ihm verbunden. Es wirkt mysteriös. Neugierig betrete ich genau den kleinen Flecken auf dem Boden der Schlucht, auf den unser Guide mit dem Finger deutet. Dort angekommen, richte ich meinen Blick nach oben – jetzt lüftet die Sonne im Zusammenspiel mit dem Sandstein das Geheimnis des rätselhaften X. Ich erkenne den Buchstaben, der dieser Schlucht ihren Namen verleiht: »Antelope Canyon X«. Die Natur hat hier in Millionen Jahren ein X-förmiges Muster in den Sandstein geformt, das nur an dieser besonderen Stelle durch den Einfall des Sonnenlichts sichtbar wird.

Canyon X ist ein Slot Canyon, eine schmale Schlucht mit steilen Wänden. Bei starken Regenfällen kann es hier zu plötzlichen Sturzfluten kommen. Dann presst sich das Wasser mit Sand und Sedimenten mit hoher Geschwindigkeit zwischen den engen Gesteinswänden durch und trägt den weichen Sandstein ab. So ist diese verwinkelte Schlucht im Laufe der Zeit auch entstanden: durch Wassererosion.

Zum Glück ist dieser versteckte Ort nahe der Stadt Page bei unserem Besuch trocken. Er gehört den Navajos, »Native Americans«. Sie haben uns mit einigen anderen Besuchern im Geländewagen über Sandpisten hergefahren und zeigen uns diesen einzigartigen Flecken Erde. Es ist ein Kunstwerk der Natur. Als ich zwischen den engen Sandsteinwänden hindurchlaufe, fühle ich mich, als würde ich in eine andere Dimension eintauchen, aus Licht und Schatten, Formen und Farben. Alles hier unten erscheint harmonisch verspielt und weckt meine Sinne.

Die Sonnenstrahlen fallen nur eingeschränkt zwischen den steilen Wänden ein und verwandeln die Gesteinsformationen in ein Kaleidoskop aus wechselnden Gelb-, Orange-

und Rottönen. Hinter jeder Biegung, mit jedem Schritt enthüllt sich eine neue Facette, neue Strukturen und neue Farbnuancen. Sie ziehen mich vollkommen in ihren Bann. Es ist wie eine völlig andere Welt – eine Welt der Wunder.

Ich genieße diesen bezaubernden Augenblick in vollen Zügen, präge ihn mir, so gut ich kann, ein und weiß, ich werde mich an ihn erinnern.

Whiteout im Wintersturm

Manchmal ändert sich das Leben schlagartig, von einem Extrem ins andere, nichts ist wie zuvor. Oft führen wir selbst Veränderungen herbei, immer wieder liegen sie aber auch außerhalb der eigenen Kontrolle.

Während unserer Weltreise bin ich ständig Veränderungen, neuen Orten und unerwarteten Situationen ausgesetzt. Das ist aufregend, Teil des Abenteuers und macht mir Spaß. Aber manchmal ist es auch anstrengend. Während unserer Tour durch den Westen der USA werden besonders die häufig wechselnden Extremwettersituationen zur Herausforderung. Kurz nach meinen Glücksmomenten bei frühlingshaften Temperaturen am Horseshoe Bend und im Antelope Canyon X geraten wir im Bryce Canyon Nationalpark bei Eis und Schnee in einen gefährlichen Wintersturm.

Anfangs blicke ich diesem Ereignis respektvoll, aber auch abenteuerlustig entgegen, doch das soll sich ändern. Der Tag beginnt sonnig, wir starten ihn mit einer ausgiebigen Wanderung durch meterhohen Schnee. Ohne Steigeisen, die viele andere Besucher unter ihren Schuhen tragen, sacke ich mehrmals bis zur Hüfte im Tiefschnee ein und habe meine liebe Mühe, mich wieder herauszuhieven. Kay findet das lustig, ich vor allem anstrengend – doch wir halten uns beide die Bäuche vor Lachen. Vom angekündigten Schneesturm merke ich zu diesem Zeitpunkt nicht den leisesten Windhauch. Als wir nachmittags müde und hungrig zu unserem Wohnmobil auf einen Stellplatz mitten im Wald zurückkehren, stellt sich ein anderes Problem: unser leerer Kühlschrank.

Das Gas ist auch fast leer – das ist richtig blöd. Denn wir brauchen es für die Heizung, Warmwasser und den Kühlschrank. Im Winter ist Gas im Camper genauso wichtig wie Wasser. Im Sommer reicht eine Gasflasche vier Wochen, bei den extrem kalten Minustemperaturen gerade mal vier Tage, obwohl wir äußerst sparsam damit umgehen. Durch den ständigen Temperaturunterschied auf unserer Reiseroute haben wir mehr Gas verbraucht als erwartet.

Es hilft nichts, wir beschließen noch einmal loszufahren. Gas und etwas zu essen bekommen wir am Eingang des Nationalparks, nur fünf Kilometer entfernt.

Wir haben den schützenden Wald kaum verlassen, als der Schneesturm plötzlich losgeht, von jetzt auf gleich, als hätte jemand einen Hebel umgelegt. Die Straße, vor wenigen Sekunden noch trocken, ist im nächsten Moment vollständig weiß. Zusätzlich peitscht der Wind von der Seite Schnee auf die Fahrbahn und unseren Camper. Ich bin fassungslos, wie schnell und heftig das Wetter plötzlich umschlägt!

Mühsam erreichen wir den Supermarkt am Nationalparkeingang, kaufen das Nötigste ein und verschlingen entgegen meiner Gewohnheit ausnahmsweise ein wirklich schnelles Fastfood in einem Burgerladen. Danach schnell noch Gas auffüllen und nichts wie zurück zum Stellplatz – so weit der Plan.

Doch leider kommt es anders: An der einzigen Tankstelle weit und breit hängt ein mit Handschrift beschriebener Zettel an der Tür. Im dichten Schneegestöber kann ich die Worte nur schwer entziffern: »Sorry, we are closed.« Wahrscheinlich haben die Mitarbeiter wegen des angekündigten Wintersturms an diesem Tag ihre Arbeit früher niedergelegt, um sicher nach Hause zu gelangen.

Heute bekommen wir also kein Gas mehr. Das ist schlecht, denn wir brauchen es bei diesen Wetterverhältnissen dringend. Für die Nacht sind minus 16 Grad vorhergesagt, begleitet von eisigem Wind und Schneefall. Extrembedingungen für Mensch und Material. Ohne Heizung wird es hart. Wir müssen es irgendwie schaffen, die Temperatur im Innenraum des Campers über dem Gefrierpunkt zu halten.

Da sich keine andere Tankstelle im näheren Umkreis befindet, bleibt uns nichts anderes übrig, als uns ohne Gas auf den Rückweg zu unserem Stellplatz im Wald zu begeben. Der Schneesturm ist jetzt in vollem Gange, die Straße tief verschneit. Schneeketten für den geliehenen Camper haben wir nicht, schließlich ist ja Frühling, zumindest auf dem Kalender. »Wie verhält sich das tonnenschwere Fahrzeug auf der verschneiten Fahrbahn?«, frage ich mich und merke, wie langsam, aber sicher Unruhe in mir aufsteigt. Auf einmal ist das Schneegestöber dermaßen dicht, dass wir nicht einmal erkennen können, wo oben und unten ist. Die Sicht ist gleich null, keinen Meter weit. Wir sind in ein Whiteout geraten. Es ist nahezu unmöglich, die Orientierung zu behalten.

Das Wohnmobil gerät ins Schlittern. Wir fahren langsamer als Schrittgeschwindigkeit, halten immer wieder an und suchen die Fahrbahn zu Fuß. Meine Nerven liegen blank, doch irgendwie schaffen wir es bis zum Stellplatz.

Dort bin ich erstmal erleichtert – für einen kurzen Augenblick. Denn der Warmwasserboiler spielt plötzlich nicht mehr mit. Keine Ahnung, warum. Ich höre, wie das Gas zündet, der Boiler jedoch nach ein paar Sekunden wieder abschaltet. Das Spiel wiederholt sich wieder und wieder. Den Boiler die ganze Nacht auszuschalten ist keine Option, bei der Kälte würde das Wasser mit hoher Wahrscheinlichkeit frieren und der Tank platzen.

Was sollen wir jetzt tun – im Camper mitten im Schneesturm, im Wald, bei zweistelligen Minustemperaturen, ohne Aussicht auf Gas? Meine Nervosität hilft jedenfalls nicht.

Um irgendetwas zu tun, krame ich die Betriebsanleitung des Wohnmobils hervor und finde heraus, dass die

Gasanlage bei Temperaturen unter dem Gefrierpunkt platzen kann. Der Warmwasserboiler funktioniert nicht erst bei Leere nicht mehr, sondern bereits bei niedrigem Gasstand. Na super! Immerhin kennen wir nun das Problem. Doch was ist die Lösung?

Fieberhaft suche ich nach einem Ausweg aus dieser verzwickten Situation. Noch einmal loszufahren bei Dunkelheit und Schneesturm, um in der Ferne eine geöffnete Tankstelle zu suchen, schließe ich aus. Das wäre zu riskant.

Intuitiv schalte ich den Kühlschrank aus, das spart Gas. Seinen mageren Inhalt verteile ich innen vor der Windschutzscheibe. Dort herrschen bei diesen Wetterbedingungen ohnehin frostige Temperaturen.

Was hilft noch? Ich nehme mir einen Moment Zeit, schließe meine Augen und atme tief durch. »Ruhe bewahren«, sagt meine innere Stimme. Ich beobachte meine wild umherschweifenden Gedanken und treffe bewusst die Entscheidung, dem Chaos im Außen mit innerer Ruhe zu begegnen. Es hilft nicht, mir Sorgen darüber zu machen, was alles schiefgehen könnte. Vertrauen ist das Schlüsselwort. Darauf, dass wir die Nacht überstehen und an dieser Herausforderung wachsen werden.

Mit dieser Entscheidung geht es mir besser und es gelingt mir spätabends sogar, einzuschlafen. Drei Stunden später wache ich auf. Es ist ungemütlich kalt im Camper, aber die Heizung läuft noch, auf Minimaltemperatur. Sie hält den Innenraum gerade so warm, dass die Temperatur über dem Gefrierpunkt bleibt. Das Gas ist also noch nicht leer. Der Warmwasserboiler zündet und geht aus, wie zuvor. Durch die wiederholten Fehlzündungen riecht es jedoch inzwischen stark nach Gas.

Ich öffne die Campertür, um frische Luft hereinzulassen. Eisiger Wind und klirrende Kälte schlagen mir entgegen, es schneit immer noch stark. Fröstelnd schließe ich die Tür wieder.

Aufgrund des strengen Gasgeruches sind wir gezwungen, nun doch den Boiler auszuschalten. Die halbe Nacht ist vorbei, wir hoffen, dass das Wasser warm genug ist und der Boiler bis zum Morgen nicht durchfriert.

Ich verkrieche mich unter meine Bettdecke, dem einzig halbwegs warmen Ort weit und breit, und falle noch einmal in einen unruhigen Schlaf.

Am nächsten Morgen schießt mir als Erstes »Wir leben noch!« durch den Kopf. Wir checken die Lage. Im Innenraum des Wohnmobils sind es 4 Grad – plus. Das Wasser in den Leitungen ist eiskalt, aber nicht gefroren. Beides ist großartig. Normalerweise kein Grund zum Jubeln, in dieser Situation freue ich mich jedoch ehrlich über kaltes Wasser und minimale Plusgrade. Ich sammle die leicht gefrorene Tüte Milch, Eier und Joghurt von der Ablage vor der Windschutzscheibe und lege sie zurück in den Kühlschrank.

Der Schneesturm hat inzwischen aufgehört. Um uns herum sind der Wald und die Straße tief verschneit. Während wir frühstücken, fährt innerhalb von 30 Minuten dreimal der Parkranger mit einem blinkenden Räumfahrzeug vorbei und schiebt beachtliche Schneemassen zur Seite.

Bei solchen Konditionen lasse ich Kay mit dem Fahren gewöhnlich gern den Vortritt, doch heute nehme ich meinen Mut zusammen, setze mich hinters Steuer und fahre langsam los. Unser Wohnmobil gleitet knirschend durch den frischen Pulverschnee, es lässt sich souverän lenken. Bremsen ist auf der vereisten Fahrbahn dagegen eine Rutschpartie. Ich fahre äußerst vorsichtig, versuche, anstatt aufs Bremspedal zu treten, mit dem Motor zu bremsen.

Je weiter wir ins Tal kommen, desto wärmer wird es und desto freier sind die Straßen. Nach einer Stunde Fahrt bergab im Schneckentempo erreichen wir den nächsten Ort und finden eine geöffnete Tankstelle, die sogar Gas anbietet. Dankbar füllen wir es auf. Sofort arbeitet der Warmwasserboiler wieder einwandfrei.

Jetzt setzt der wohlverdiente Belohnungseffekt ein: Freudentränen schießen mir in die Augen. Ich bin unendlich erleichtert und stolz, dass Kay und ich dieses Abenteuer gemeinsam überstanden haben. Es schweißt uns eng zusammen.

54 Grad Temperaturunterschied

Unser Herz schlägt unermüdlich, 100 000-mal pro Tag, und pumpt täglich bis zu 8000 Liter Blut durch unsere Adern. Es ist ein wahres Wunderwerk, genauso wie unser gesamter Körper. Er vollbringt für uns Meisterleistungen. Meist schenken wir ihm jedoch keine besondere Beachtung. Erst wenn er nicht so funktioniert, wie wir es wünschen, werden wir auf ihn aufmerksam. Wieso schätzen wir seine beeindruckende Leistung viel zu selten wert?

Diese Erkenntnis trifft mich, als wir im Death Valley, im Tal des Todes in Kalifornien, zum Badwater Basin laufen, einer riesigen Salzebene, die für ihre extreme Hitze und ihre besonderen Umweltbedingungen bekannt ist. Das Badwater Basin liegt 85,5 Meter unter dem Meeresspiegel und ist damit der tiefste Punkt Nordamerikas. Im 19. Jahrhundert erkundeten Goldsucher und Siedler das Gebiet, stießen auf das Salzbecken und fanden eine Pfütze mit extrem salzhaltigem Wasser darin. Für ihr Vieh ungenießbar, »schlechtes Wasser«, und so gaben sie ihm den Namen »Badwater Basin«.

Vom Parkplatz bis dorthin sind es gerade mal 400 Meter zu Fuß, trotzdem ist dieser Ausflug eine echt heiße Angelegenheit. Anfangs wundere ich mich, warum ich schon nach wenigen Minuten anfange zu schwitzen, meine Zunge am Gaumen klebt und mein Kopf einer reifen Tomate gleicht. Obwohl ich regelmäßig Sport treibe, auch während unserer Reise. Bin ich etwa nicht mehr in Form? Nach einem halbstündigen, einfachen Spaziergang kehren wir zurück zum Camper, ich bin komplett verschwitzt und durstig.

Mein Blick fällt auf das Thermometer: Es zeigt 100 Grad Fahrenheit an, 38 Grad Celsius. Plötzlich macht es klick bei mir, ich bringe mehr Verständnis für mich auf. Mein Körper hat recht! Es ist mehr als gerechtfertigt, dass er durch einschlägige Signale darauf aufmerksam macht, dass er auf Hochtouren läuft, und nach Wasser verlangt. Schließlich bin ich gerade mitten in der Wüste, im »Tal des Todes«!

Erst zwei Tage zuvor hatte ich ihn bei minus 16 Grad Celsius auf über 2500 Metern Höhe im Wintersturm ins gegenteilige Extrem befördert. Das ist ein Temperaturunterschied von 54 Grad Celsius innerhalb kürzester Zeit!

Als mir das bewusst wird, bin ich beeindruckt von der Leistung meines Körpers: Er ist mein Gefährt – oder besser: Gefährte – auf unserer Tour um die Erde und ermöglicht mir, diesen faszinierenden Planeten mit meinen Augen zu sehen, mit meinen Ohren zu hören und mit all meinen Sinnen zu erleben. Jetzt verspüre ich Demut und Dankbarkeit, dass er mich trägt, mir Stabilität verleiht, mich atmen und Extreme aushalten lässt.

Ich verspreche mir selbst, ihm künftig besser zuzuhören und ihn so lange wie möglich fit und gesund zu halten: durch tägliche Bewegung, Entspannung und gesunde Ernährung. Ich entwickle eine neue Wertschätzung für meinen Körper und beschließe, ihn wie meinen besten Freund zu behandeln. Ab sofort werde ich alles, was er mir mit seinen Fähigkeiten ermöglicht, noch achtsamer schätzen, bei Extremsituationen während dieser Weltreise ebenso wie auf meiner Reise durch mein Leben.

Höhen und Tiefen überwinden

»Da vorne ist ein Bär«, ruft Kay und starrt über meine Schulter hinweg auf die Wiese hinter mir, während wir an einem Picknicktisch im Yosemite Nationalpark zu Abend essen.

Auf den Trick falle ich nicht noch einmal herein. Dieselben Worte hatte er wenige Stunden zuvor bei einer Wanderung auch gerufen und mir einen ordentlichen Schreck eingejagt. Dieses Mal lasse ich mir keinen Bären aufbinden, da bin ich mir sicher.

Doch jetzt hat er recht. Gut 200 Meter entfernt entdecke ich einen Schwarzbären, der auf einer Lichtung gemächlich nach Futter sucht. Er scheint nicht besonders interessiert an uns, auch nicht, als sich immer mehr Menschen in einiger Distanz um ihn versammeln. Mehrere Parkranger patrouillieren aufgeregt hin und her und bitten uns, unser Abendessen vom Tisch draußen wegzupacken. Eine Stunde verbringt Meister Petz auf der Wiese in der Abendsonne, bevor er zurück in den Wald trottet.

Am nächsten Tag brechen wir zu einer Tour in genau den Wald auf, in den der Bär verschwunden ist. Das fühlt sich weniger nach Glücksgefühl an. Zwar war mir schon vorher klar, dass es im Yosemite Nationalpark Bären gibt, aber seit ich das kräftige Tier aus der Nähe gesehen habe, möchte ich ihm nicht unbedingt hinter dem nächsten Baum Auge in Auge gegenüberstehen – obwohl ich Tiere liebe.

Wir haben für diesen Tag eine längere Tour geplant, einen Picknickrucksack voller Essen dabei und sind weite Strecken alleine unterwegs. Ein leichtes Unbehagen breitet sich aus. Ich bemerke, dass ich dieses Gefühl durch meine Gedanken selbst erzeuge. Sicherheitshalber sammle ich einen Stock vom Boden auf, den ich als Wanderstock nutze und – falls wir einem Bären begegnen – zur Verteidigung einsetzen könnte.

Drei Stunden marschieren wir auf einer anstrengenden Route steil bergauf. Dabei vergesse ich allmählich meine Bären-Gedanken. Die Bewegung tut gut. Sie beruhigt nicht nur meinen Körper, sondern auch den Geist.

Doch je höher wir kommen und je näher wir die Felskanten passieren, an denen sich der enge Pfad entlangwindet, umso vorsichtiger werde ich. Immer fester klammere ich mich an den Bärenstock, der mir jetzt Halt vor der Höhe gibt.

Wir durchqueren Schneefelder und stapfen knöcheltief durch Gebirgswasser, das einige Wanderwege überspült. Ich konzentriere mich auf jeden Schritt. Nach einigen Stunden bin ich fix und fertig, aber die Natur entschädigt mich für alle Strapazen. Der Ausblick auf den Upper Yosemite Fall und das darunterliegende Tal ist grandios. Ein Perspektivwechsel, der sich lohnt – von oben die Weite der Landschaft bis zum Horizont zu überblicken, statt von unten den begrenzenden Berg vor meiner Nase zu fixieren, gibt mir ein belebendes Freiheitsgefühl. Ich bin stolz, dass ich es geschafft habe.

Am nächsten Tag sieht die Welt allerdings schon wieder anders aus. Wir folgen dem Geheimtipp einer Amerikanerin, die uns ihre Lieblingswanderung durch blühende Blumenwiesen empfohlen hat. Nach der anstrengenden Tour vom Vortag klingt das für mich nach purer Erholung.

Weit gefehlt. Denn was ich nicht weiß: Der komplette Trail führt auf 200 Metern Höhe entlang eines Berghangs. Das wird mir erst klar, als wir bereits unterwegs sind. Ein schmaler Wiesenpfad in einem Abhang, weniger als einen Schritt neben mir geht es steil runter ins Tal. Unten fließt ein Fluss. Wirklich idyllisch.

Doch ich kann die malerische Landschaft nicht genießen. Ein beklemmendes Gefühl begleitet mich. In einer Kurve führt der Weg plötzlich besonders steil und eng bergab. Ich komme dem Abgrund gefährlich nahe, werde unsicher. Ich kann meine Höhenangst nicht erklären, sie ist einfach da. Jetzt tritt sie richtig aufs Gaspedal. Es fühlt sich an, als würde mir der Boden unter den Füßen weggezogen. Alles dreht sich. »Wenn ich jetzt falle, ist es aus!«, denke ich. Plötzlich laufen mir Tränen übers Gesicht, ohne dass ich sie kontrollieren kann. Ich lasse sie laufen, das ist okay. Die Emotion hat mich voll erwischt.

In dem Moment, in dem mir das auffällt, versuche ich, Abstand zu gewinnen. Ich beobachte mich selbst und bemerke, wie sehr mich meine Angst gerade ausbremst.

Ein anderer Wanderer überholt mich und schlängelt sich mühelos am Gefälle entlang. Kay steht ebenfalls entspannt, aber auch hilflos neben mir. »Komm, wir kehren um«, versucht er mich aus der Situation herauszuholen.

Umkehren kommt für mich nicht infrage. Ich möchte durch diese Engstelle und meine Höhenangst durchgehen. Aber wie? Ich nehme mir einen Moment Zeit und sortiere meine Gedanken. Wie damals bei Filmen beschließe ich, jetzt Regisseurin meines eigenen Lebens, dieser schwierigen Momentaufnahme zu sein. Freundlich gebe ich mir die Regieanweisung, meiner Intuition zu folgen, die mir vorgibt, das unangenehme Gefühl bewusst zu spüren und auszuhalten. Wie fühlt sich Angst an? Wo genau in meinem Körper befindet sie sich? Was macht sie mit mir?

Ich denke über sie nach: Erstaunlich, wie sehr Ängste uns einschränken können – nicht nur mich in diesem Moment, grundsätzlich im Leben. Offensichtlich ist es einigen Menschen möglich, Dinge zu tun, die andere sich nicht zutrauen. Genauso wie der Wanderer, der vor wenigen Augenblicken entspannt an mir vorbei diesen Engpass gegangen ist, wohingegen ich wie auf dem Boden festgewachsen verharre. Es ist nur meine Angst, die mich davon abhält, diesen Weg zu gehen, körperlich stellt dieses Gelände keine besondere Herausforderung dar.

Ich beruhige meinen Atem, indem ich die Luft tief in den Bauch strömen lasse, halte mich teils an der Felswand, teils an Kays Hand fest und gehe in winzigen Schritten voran. Zwischendurch mache ich immer wieder kleine Pausen, achte bewusst auf meine Körperempfindungen und registriere, was auftaucht. Dann wähle ich positive Gedanken, ersetze solche, die mich verunsichern, durch Gedanken, die mir Kraft geben: »Ich kann da entlanggehen.«

Was dann passiert, ist wiederum bemerkenswert: Es dauert eine Weile, aber allmählich wird die Angst weniger. Je weiter ich mich ihr stelle, desto kleiner wird sie, und ich werde ruhiger! Vorsichtig taste ich mich weiter vor, gehe in die Hocke und klettere rückwärts auf allen Vieren bergab um die Kurve. Der Abhang ist derselbe, aber mein Gefühl verändert sich. Langsam, aber sicher verwandelt sich Angst in Zutrauen, dann in Mut und schließlich in Stolz, dass ich diese Engstelle passiert habe.

Ich habe mir gerade selbst bewiesen, dass ich meine Höhenangst aushalten und über sie hinauswachsen kann. Zwar ist sie nicht vollständig verschwunden, und ich habe keine Kontrolle darüber, ob und wann sie wieder auftritt. Dennoch habe ich gelernt, sie zu akzeptieren und trotzdem weiterzugehen. Es ist meine Entscheidung, wie ich mit ihr umgehe. Darüber habe ich die Kontrolle.

Die größten Robben der Welt

Unsere Blicke treffen sich. Er betrachtet mich mit seinen treuen schwarzen Augen eingehend von oben bis unten. Plötzlich schubst ihn einer aus der Gruppe schroff von hinten. Er fällt um, dreht sich zur Seite und schimpft lauthals los.

Ich muss laut lachen über diesen tollpatschigen Grobian am Strand der kalifornischen Küste. Um ihn herum herrscht dichtes Gedränge. Hunderte, vermutlich tausende sehr korpulente Gestalten liegen neben- und übereinander, grunzen und riechen streng.

Endlich begegnen wir wieder wilden Tieren: See-Elefanten. Sie sehen aus wie träge Ungetüme, es sind aber lustige Zeitgenossen mit besonderem Charme. Einige schaufeln sich selbst mit ihren Flossen Sand auf den Rücken, andere kämpfen gegeneinander, schubsen sich gegenseitig oder dösen stundenlang in der Sonne. Besonders komisch sieht es aus, wenn sie mit ihren massigen Körpern wabernd über den Strand robben. Gerne auch über die Bäuche mehrerer Artgenossen hinweg, die sich dann geräuschvoll beschweren. Alle paar Meter legen sie eine Pause ein – offensichtlich ist es anstrengend, diese tonnenschweren Fettmassen über den Sand zu schleppen.

See-Elefanten verdanken ihren Namen der rüsselartig vergrößerten Nase der erwachsenen Männchen. Die können sie aufpusten, um ihren Artgenossen zu imponieren. Es sind die größten Robben der Welt. Vor allem die Bullen sind schwergewichtig: Sie können bis zu fünf Meter lang und 2300 Kilogramm schwer werden, eine Kuh dagegen »nur« 800 Kilogramm. Dabei sind diese Tiere, die Nördlichen See-Elefanten, noch kleiner als ihre südlichen Verwandten, die nahe der Antarktis leben. Oft versammelt ein Bulle einen Harem von 20 bis 50 Kühen um sich. Echt jetzt? Beeindruckend bei ihrer Körpermasse!

Auf mich machen sie eher den Eindruck, als würden sie die meiste Zeit am Strand faulenzen und sich die Sonne auf den Pelz brennen lassen. Doch tatsächlich verlassen sie das Wasser nur zum Fellwechsel und für die etwa zweimonatige Paarungs- und Wurfphase. In der Zeit an Land fressen und trinken die Tiere nicht, mit Ausnahme der Neugeborenen.

Doch sie müssen aufpassen, dass sie nicht zu viel Gewicht verlieren und nach der langen Fastenzeit beim Jagen im Meer wieder zulegen. So schwerfällig sie in den großen Kolonien am Strand auch aussehen, im Wasser sind sie wendige Räuber und verbringen die meiste Zeit ihres Lebens als Einzelgänger.

See-Elefanten sind in vielerlei Hinsicht bemerkenswert, mit all ihren außergewöhnlichen Verhaltensweisen. Die tonnenschweren Tiere erinnern mich daran, dass jedes Lebewesen individuelle Fähigkeiten besitzt, um sein Leben nach den eigenen Bedürfnissen auszurichten. Genauso wie die See-Elefanten im Wasser in ihrem Element sind und für ihre Zeit an Land spezielle Überlebensstrategien entwickelt haben, ist auch jeder von uns für seine unterschiedlichen Lebensphasen optimal ausgestattet.

Glücksgeheimnis einer Nordamerikanerin

Kerry und ich begegnen uns bei einer mehrtägigen Raftingtour. Kerry ist eine gestandene Frau Anfang sechzig. Sie ist Krankenschwester aus der Nähe von Boston. Mit ihren langen roten Haaren und ihren Sommersprossen strahlt sie eine besondere Anziehungskraft auf mich aus. Sie beeindruckt mich durch ihre Lebensweisheit. Bei einem gemeinsamen Frühstück in der Natur entwickelt sich ein intensiver Austausch zwischen uns. Am Ende springt sie mutig über ihren Schatten und verrät mir, wer sie als Jugendliche davon abgehalten hat, ihre Träume zu leben, und was sie trotzdem glücklich macht.

»Was denkst du, wie können wir unsere Träume verwirklichen?«, frage ich sie.

»Wichtig ist, den Dingen Beachtung zu schenken, die du gerne gemacht hast, als du klein warst. Oft sind Leidenschaften, denen du als Kind nachgegangen bist, eng verbunden mit deinen Fähigkeiten und Talenten. Sie machen dich auch im späteren Leben glücklich. In deiner Kindheit kannst du Erfahrungen sammeln und Sachen ausprobieren, die du liebst. Ich liebte als Kind Musik und wollte Geige spielen lernen. Bis heute liebe ich Musik.

Wenn du erwachsen bist, verlierst du manchmal den Zugang zu deinen wahren Leidenschaften. Du gerätst in vorgegebene Strukturen, arbeitest, weil du musst, um Geld zu verdienen. Vielleicht empfindest du dabei eine gewisse Freude, aber es ist nur eine Karriere oder ein Schritt in eine bestimmte Richtung. Es ist nicht Teil deiner persönlichen Reise, die wahrhaftig, authentisch du selbst bist.

Wahres Glück entspringt tief aus deinem Herzen. Wenn du tust, was du liebst, bringst du eine eigene Energie mit.

Das macht dich erfolgreich, weil du es mit Hingabe tust. So wie du mit deinen Kinderbüchern.« Kerrys Antwort geht mir unter die Haut. »Wie recht sie hat«, denke ich und hänge in Gedanken meiner eigenen Kindheit nach.

Als ich klein war, hatte ich einen großen Traum: Ich wollte alle Tiere der Welt retten. Tiere sind meine Passion, egal welche. Als Kind habe ich jeden Regenwurm von der Straße aufgehoben – manchmal tue ich das heute noch. Ich hatte schon früh eigene Pferde, die mich gelehrt haben, Verantwortung für Lebewesen zu übernehmen, ihnen gilt meine besondere Liebe. Sie sind regelrechte Krafttiere für mich, die mir Stärke, Vertrauen und Mut schenken. Zu ihnen fühle ich schon immer eine tiefe Verbindung, die aus meinem Herzen kommt und größer ist, als mein Verstand sie erklären kann.

Mit zunehmendem Alter habe ich begriffen, dass ich nicht allen Tieren der Welt helfen kann. Aber über meine Kinderbücher habe ich bereits gemeinsam mit vielen Menschen, die sie gekauft haben, zahlreiche Tiere gerettet. Darüber hinaus unterstütze ich mit ihnen nicht nur Tiere, sondern auch Kinder und kann meiner Leidenschaft als Journalistin nachgehen – dem Schreiben. So lebe ich meinen Kindheitstraum und nutze meine Talente, um mich selbst zu verwirklichen. Versonnen lächle ich Kerry an. »Was ist für dich der Schlüssel zum Glück?«, frage ich sie.

»Leidenschaft ist der Weg, um glücklich zu sein. Wenn du tust, was du liebst, kannst du dein Leben selbst erschaffen und damit auch finanziell für dich sorgen. Du musst nicht zur Schule gehen, eine Ausbildung machen und dann von 9:00 bis 17:00 Uhr arbeiten. Viele verlieren dabei die Freude, werden krank oder unglücklich. Unsere Erfahrungen zeigen uns, was uns glücklich macht. Je weiter du dich davon entfernst, desto unglücklicher wirst du«, erzählt Kerry voller Begeisterung. Ich merke ihr an, dass sie weiß, wovon sie spricht.

»Was bereitet dir persönlich Glück?«, hake ich nach und möchte Kerrys eigene Reise zum Glücklichsein erfahren.

»Ich bin glücklich, wenn ich meine Kinder sehe. Ich liebe das Reisen. Oder wenn ich mit meinen Patienten arbeite, ihr Leben positiv verändern kann, spüre ich tiefe Freude.« Kerry muss für ihre Antwort nicht lange überlegen und berichtet von ihrer Arbeit als Krankenschwester. Ihr derzeitiger Job in diesem Bereich macht sie jedoch unglücklich, weil dort Werte, Ethik und Moral herrschen, die sie nicht teilt. Daher hat sie gekündigt und wechselt als Krankenschwester in die Notfallaufnahme eines Krankenhauses in der Nähe von Boston.

»Ich muss mich nicht in einer Umgebung aufhalten, die nicht gesund für mich ist, die mir nicht hilft zu wachsen und mich mein Potenzial nicht entfalten lässt. Wenn du ständig kämpfst, ist es schwer, innerlich zu wachsen. Du hast nur eine bestimmte Menge Energie. Die Frage ist: Wohin möchte ich diese Energie richten? Darauf, mit einem Schwert in der Hand gegen Dinge zu kämpfen, die Nonsens sind? Oder möchte ich meine Zeit in etwas investieren, von dem ich weiß, dass es mir wirklich guttut?«, bringt Kerry die Sache auf den Punkt. Ihre Klarheit ist bewundernswert.

Vor langer Zeit, als ihre Kinder klein waren, ist sie im Gesundheitswesen eingestiegen, in der Altersmedizin, der Geriatrie. Anfangs redet sie dort einfach mit Patienten, hört ihren Geschichten zu und entwickelt einen guten Draht zu ihnen. Diese Arbeit liebt sie.

Später arbeitet sie auf der administrativen Seite. Doch den Managementbereich mag sie nicht. Erst vor ein paar Jahren, als ihre Kinder selbstständig sind, macht sie die Ausbildung zur Krankenschwester.

»Ich will mich nur um meine Patienten kümmern. Ich mag es einfach, für sie da zu sein und ihnen zu geben, was sie brauchen, wenn ich ihnen die richtigen Fragen stelle – und die Ressourcen habe, ihnen zu helfen«, sagt sie.

»Bist du glücklich, wenn du andere glücklich machst?«, erkundige ich mich.

»Ja, das liegt mir am Herzen. Nicht gleich an erster Stelle, aber direkt dahinter an zweiter. Wenn ich nochmal von vorne anfangen könnte, würde ich heute wahrscheinlich etwas mit Musik machen. Das wäre mein Traum gewesen, Musik zu kreieren, die Emotionen weckt, für Filme, weil es meine große Leidenschaft ist«, schwärmt die US-Amerikanerin und bedauert, dass sie diesen Traum aufgegeben hat.

»Ich liebe Jojo Martin. Wenn ich ihm zuhöre, wie er Cello spielt, kommen mir die Tränen. Wenn man ihn beobachtet, merkt man – das ist er, seine Essenz. Er könnte niemand anderes sein. Das ist ein Geschenk«, fügt sie hinzu.

Dann sagt sie: »Glücklich sein passiert nicht zufällig. Du musst selbst dafür sorgen und hast nicht unendlich viel Zeit dafür auf dieser Welt. Wenn du etwas tust und bemerkst: ›Oh nein, ich muss das immer wieder machen‹, oder etwas schlägt dir auf den Magen, oder wenn du keinen Enthusiasmus hast, dann frage dich: Was raubt dir die Freude? Und denke genauso darüber nach, was dich zum Lächeln bringt. Was machst du dann? Bist du im Garten? Schreibst du Geschichten? Wenn du nicht einmal darüber nachdenkst, was dir Freude bereitet und wie du dort hingelangst, ist es schwierig«, sagt Kerry. Für sie macht nichts einen Menschen glücklicher, als sich nach seinen Bedürfnissen zu entwickeln, danach, was ihn begeistert.

»Du kannst nicht immer bestimmen, was passiert im Leben. Aber du kannst immer darüber entscheiden, wie du mit dem, was passiert, umgehst«, werfe ich ein, als sie einen Moment nachdenkt.

»Resilienz, es geht darum, wie du eine Situation verarbeitest. Gefühle zulassen und an die Oberfläche bringen ist wichtig. Vieles ist erlerntes Verhalten. Ich glaube nicht, dass wir alle von Geburt an wissen, wie wir mit unseren Gefühlen umgehen sollen. Einiges kommt von außen auf uns zu – Erwartungen, wie wir uns verhalten sollen«, sagt Kerry, die einen Augenblick zögert, bevor sie preisgibt, wer sie in ihrer Jugend von ihrem großen Glück abgehalten hat.

»Mein Vater hat mir vor vielen Jahren eine Frage gestellt. Er ist vor zwei Jahren gestorben und ich vermisse ihn sehr – er war ein stoischer irischer Mann, der mit Freude getan hat, was er tun musste, egal was. Ich habe nie gehört, dass er sich über seinen Job beschwert hat. Aber als er mir diese eine Frage stellte …«

Sie legt eine kurze Pause ein, bevor sie fortfährt: »Damals war ich in der Highschool. Ich liebte es, zu singen und Musik zu machen. In diesen Momenten war ich ganz bei mir. Und mein Vater fragte mich: ›Was willst du beruflich mal machen?‹ Ich antwortete: ›Ich möchte etwas mit Musik machen.‹ Ich bin jetzt über 60 Jahre alt, damals war ich 16, und er meinte: ›Davon wirst du niemals leben können. Such dir lieber etwas anderes!‹ Ich sagte: ›Oh, okay.‹ Doch er hat mich damals einfach von meinem Traum abgeschnitten, das zu tun, was ich wirklich liebe: etwas mit Musik zu machen«, erinnert sich Kerry mit Tränen in den Augen.

»Bereust du das heute noch?«, frage ich sie.

»Oh ja, ja, ja, sehr. Ich denke, ich wäre im musikalischen Bereich sehr gut gewesen. Wenn ich nochmal anfangen könnte, würde ich darauf achten, was mein Herz singen lässt«, sagt sie nachdenklich und enthüllt, dass sie während der Pandemie begonnen hat, ihrer Leidenschaft aus Kindertagen nachzugehen: Geige zu spielen. Außerdem bringt sie sich selbst Gitarre bei.

»Ich liebe es, beides bringt mir unglaubliche Freude«, schwärmt Kerry.

»Es ist erstaunlich, wie die Gaben und Talente, die wir als Kinder geliebt haben, uns auch später im Leben Halt geben können, besonders in schwierigen Zeiten«, greife ich ihren Gedanken vom Beginn unseres Gesprächs auf.

»Ja, genau das meine ich. Es sind Leidenschaften, die jeder von uns von Geburt an in sich trägt. Schätze, die uns einmalig machen«, lächelt Kerry. Sie ist den Tränen nahe, als sie fortfährt: »Es ist wichtig, uns diese Schätze bewusst zu machen und sie zu beachten. Wir müssen uns selbst zuhören und den Dingen, die wir lieben, Aufmerksamkeit schenken. Jeder Mensch trägt ein einzigartiges Geschenk in sich, das ihn glücklich macht und ganz und gar erfüllt.«

Ein verschwundener Tag

Am liebsten würde ich mir die warme Decke über den Kopf ziehen und mich vor den Strapazen des bevorstehenden Tages verkriechen. Es ist 7:00 Uhr, wir haben unsere letzte Nacht in den USA in unserem Camper auf einem Parkplatz eines Walmart-Supermarktes verbracht. Das ist in den USA vielerorts gestattet und für uns an diesem Tag besonders praktisch: Wir können dort nicht nur die Toiletten, fließend Wasser und das WLAN kostenfrei nutzen, sondern parken auch in der Nähe unseres Wohnmobilvermieters, bei dem wir das Fahrzeug zurückgeben müssen.

Heute setzen wir unsere Weltreise ins Königreich Tonga fort, einer Inselgruppe im Südpazifik. Ich bin sehr gespannt auf die Südsee. Also stehe ich auf und stelle mich selbstbewusst dem Tag, der äußerst anstrengend zu werden verspricht.

Mit unserem Round-the-World-Tarif konnten wir keine direkten Flüge buchen, deshalb führt uns die Reise von San Francisco zunächst über einen zweieinhalbstündigen Umweg nach Norden, Richtung Vancouver, Kanada. Von dort nehmen wir einen knapp 14-stündigen Langstreckenflug nach Auckland, Neuseeland, um von dort drei weitere Stunden nach Tonga zu fliegen. Ein echt »langer Ritt«. Ich hoffe, alles verläuft reibungslos und unser Gepäck kommt zeitgleich mit uns am Zielort an.

Nicht nur die Orientierung an den verschiedenen Flughäfen, sondern vor allem die Zeit unterwegs ist eine verwirrende Angelegenheit, denn wir überfliegen die Datumsgrenze Richtung Westen. Mir kommt es vor wie eine Zeitreise, bei der ich einen Tag meines Lebens verliere: Unser Abflug ist am 26. April und wir landen erst am 28. April auf Tonga. Den 27. April 2023 erlebe ich nicht, er verschwindet einfach im Flug beim Überqueren des Datums-Meridians.

Nach Stunden in der Luft fragt mich Kay irgendwann nach der Uhrzeit. Bei einem Blick auf meine Armbanduhr kann ich nur müde lächeln. Wie viel Uhr es ist? Wo? Wann? Ich bin nicht einmal in der Lage zu sagen, welchen Tag wir über den Wolken in diesem Moment haben.

Zeit ist relativ, besonders auf Reisen verliere ich oft die Kontrolle. Durch die wechselnde Zeitverschiebung in unseren unterschiedlichen Reiseländern ist es kompliziert, Kontakt zu unserem Sohn in Neuseeland sowie zu Familie und Freunden in Europa zu halten.

Der Westen der USA liegt zeitlich neun Stunden hinter Deutschland. Tonga ist der deutschen Zeit hingegen zwölf Stunden voraus und sogar 21 Stunden vor unserem Abflugort San Francisco. Wer behält da schon den Überblick?

Aber wichtiger, als die genaue Uhrzeit zu kennen, ist für mich ohnehin, wie wir unsere endliche Lebenszeit im besten Sinne für uns nutzen.

TONGA: MĀLŌ E LELEI

Angekommen im Paradies

Es ist schwer zu sagen, wie viele Stunden wir unterwegs sind, aber nach einer schier endlos erscheinenden Reise erreichen wir Tonga schließlich, fernab vom Festland und nahezu am anderen Ende der Welt, von Deutschland aus betrachtet. Wir landen an einem Ort mit ungewohnt klingendem Namen: Nuku'alofa, der Hauptstadt von Tongatapu. Das ist die Hauptinsel von Tonga, einem Inselstaat mit mehr als 170 Inseln, von denen nur 40 bewohnt sind. Tonga liegt in Polynesien, mitten in der Südsee, gut 2600 Kilometer nördlich von Neuseeland und über 5000 Kilometer östlich von Australien.

Es ist ein Königreich, die letzte und älteste Monarchie im Südpazifik. Mit richtigem König, mit gut 100 000 Einwohnern und sogar mit einem Freundschaftsvertrag mit Deutschland. Es ist der einzige Staat in Ozeanien, der nie von Europäern kolonialisiert wurde und seine Unabhängigkeit bewahren konnte.

Wir steigen ein paar Tage in einer kleinen Lodge direkt am Meer ab. Der Blick ist traumhaft: auf weiße Sandstrände mit Kokospalmen, umsäumt von türkisblauem Meer und Korallenriffen. Ein wunderschöner Flecken Erde, ich fühle mich wie im Paradies. Die Temperaturen liegen Ende April mit angenehmen 26 Grad deutlich höher als in den USA, die wir gerade verlassen haben.

An unserer Rezeption lerne ich Lolo kennen, eine hübsche Frau Ende zwanzig mit sanftmütigen Augen und schwarzen Haaren. Wir verstehen uns auf Anhieb, tauschen uns angeregt über unsere Gemeinsamkeiten und Unterschiede aus und darüber, was jede von uns glücklich macht. Lolo ist eine selbstbewusste Frau mit einem großen Herzen, die sich für andere einsetzt und weiß, was sie will. Sie erzählt mir, dass sie sieben Geschwister hat.

Ihr Vater ist vor Kurzem verstorben, deshalb arbeitet sie an der Hotel-Rezeption. Obwohl der Job stressig ist, verdient sie damit Geld für den Unterhalt ihrer Familie, zusammen mit ihrem in der Schweiz lebenden Bruder.

Früher wollte sie auch auswandern, wie viele Tongaer, die das Leben in einfachen Verhältnissen, besonders außerhalb der Städte, auf ihrer Südseeinsel dauerhaft hinter sich lassen, um im Ausland Arbeit zu finden. Doch seit Lolo ihren Bruder kürzlich für zwei Monate in Europa besucht hat, ist sie davon abgekommen.

»Das Leben hier ist viel gelassener. Es gibt diesen Stress und diese Hektik wie in europäischen Städten bei uns nicht«, schwärmt sie, während ihre Augen leuchten und sie mit weicher Stimme über ihre Heimat erzählt. Sie schätzt das einfache Leben auf ihrer idyllischen Insel und träumt davon, irgendwann später zum tongaischen Militär zu gehen. Kämpfen will sie dort nicht; ihr Ziel ist es, sich für Frieden und Ordnung in den Städten einzusetzen.

Diesen Traum stellt sie jedoch erst einmal zurück: »Im Moment ist mir wichtiger, Geld zu verdienen, um damit meine jüngeren Geschwister zu versorgen, damit sie etwas zu essen haben und zur Schule gehen können.« Ihrer Familie zu helfen, macht sie glücklich, das steht für sie an erster Stelle.

Lolo gibt uns einige Inseltipps, denen wir in den nächsten Tagen folgen: eine dreiköpfige Palme und die Blowholes. Obwohl die Palme ein groß ausgeschildertes touristisches Highlight auf Tonga ist, erscheint sie mir weniger spektakulär. Für mich sind die Blowholes, die natürlichen Löcher im Gestein an der Küste, die Attraktion der Insel. Ich liebe es zuzusehen, wie die Kraft der Wellen auf die Felsen trifft und das Wasser durch Kanäle im Vulkangestein hoch in die Luft drückt. Dabei zischt und faucht es ordentlich – ich könnte stundenlang zuschauen.

Doch manchmal gibt es auch ein Fauchen, das die Idylle stört: In Tonga besteht ein sehr hohes Risiko für Naturkatastrophen. Immer wieder toben Wirbelstürme über die Inseln, Erdbeben erschüttern das Land und in jüngster Vergangenheit ereignete sich ein heftiger Vulkanausbruch. Grund dafür ist die besondere Lage: Tonga liegt mit seinen vielen Vulkaninseln in einer der aktivsten Vulkanregionen der Welt – im Bereich des Pazifischen Feuerrings, einem 40 000 Kilometer langen Vulkangürtel, der den Pazifik von drei Seiten umgibt. Die Eruption des Unterseevulkans Hunga Tonga-Hunga Ha'apai im Januar 2022 war eine der heftigsten, die jemals gemessen wurden, sie war stärker als alle je durchgeführten Kernwaffentests. Die Druckwelle bewegte sich um den gesamten Erdball und war auch in Deutschland messbar. Sie löste einen Tsunami aus, der schwere Schäden auf Tonga zur Folge hatte: Viele Häuser wurden zerstört, Felder verwüstet und das einzige Glasfaserkabel für die Internetverbindung beschädigt, sodass die Kommunikation des Inselstaates mit der Außenwelt lange abgeschnitten war.

Vier Menschen verloren ihr Leben, ein Wunder, dass es nicht mehr waren, was wohl daran liegt, dass der Vulkan bei Tageslicht ausbrach. Viele Inselbewohner kamen mit einem Schrecken davon, selbst über ein Jahr später kann ich ihre

Besorgnis noch in ihren Gesichtern ablesen. Zwar haben sie die dicke Ascheschicht von den Häusern und Straßen inzwischen abgetragen, doch aus den Gullys wird immer noch bergeweise Asche herausgeschippt und bei starkem Wind wirbelt sie in der Luft herum. Zahlreiche Menschen leiden unter chronischem Husten und Gehörschäden. Dennoch haben sie in ihr geregeltes Leben zurückgefunden. Ein wichtiger Schritt, nach einem Schicksalsschlag nicht im emotionalen Chaos steckenzubleiben, sondern den Blick nach vorne zu richten. Ich bewundere, wie die Tongaer das meistern.

Tongas Lage ist in noch einer anderen Hinsicht speziell: Das Land liegt nahe der internationalen Datumsgrenze, was recht verwirrend sein kann. Mit einem Boot könnte man an einem Tag ablegen, zum Beispiel Mittwoch, und es wird wieder Dienstag, wenn man einige Kilometer nach Osten hinausfährt.

Der Inselstaat begrüßt als eines der ersten Länder einen neuen Tag. Deshalb wird er auch als der »Ort, an dem die Zeit beginnt« bezeichnet. Hier ticken die Uhren anders als in Deutschland oder in der westlichen Welt. Das Leben auf Tonga ist entspannter und unkomplizierter, als ich es kenne. Es geht sehr viel gemächlicher zu als bei uns. Genau diese Einfachheit lerne ich hier zu schätzen und zu lieben. Ich passe meinen Tagesablauf an den Rhythmus des Insellebens an und merke, wie ich dabei langsam Ruhe finde.

Dazu tragen auch die Liebenswürdigkeit und Hilfsbereitschaft bei, die die Menschen uns überall entgegenbringen. Als nach unserem Flug kein Taxi am Flughafen aufzufinden ist – ein öffentliches Verkehrssystem existiert ab dem Flughafen nicht –, lädt uns spontan Henry, ein älterer Tongaer, in sein Auto ein. Ohne lange zu überlegen, quetschen wir unsere Taschen in den winzigen Kofferraum des kleinen Wagens und setzen uns zu seiner 14-jährigen Tochter auf die Rückbank. Vom Beifahrersitz blicken uns seine korpulente Frau und ihre dreijährige Enkelin interessiert an. Die Kleine heißt Marie, lange dunkle Locken umspielen ihr Gesicht. Sie zieht eine Schnute und fragt, wie wir heißen. Ich verstehe kein Wort, Marie spricht tongaisch, wie alle Einheimischen. Doch mit einem Lächeln öffnet sie uns ihr Herz, und auf Englisch können wir uns problemlos mit ihrer Schwester und ihren Großeltern verständigen.

Während der Stop-and-go-Fahrt auf der schmalen Straße in die Stadt, auf der sich täglich ähnlich lange Staus bilden wie im Berufsverkehr auf Frankfurts Autobahnen, spielen wir lustige Fingerspiele. Immer wieder streckt Marie ihre kleine Hand behutsam nach meiner aus, berührt meine Finger, ertastet, wie sich weiße Hände anfühlen. Wir zählen mit unseren Fingern gemeinsam bis fünf – sie auf Tongaisch, ich auf Deutsch. Sie kichert kopfschüttelnd, als ich die Begriffe immer wieder durcheinanderwerfe.

Fremde fahren sicher nicht alle Tage mit ihr im Auto. Mit ihrem Großvater auch nicht. Vom Fahrersitz aus macht er ein Selfie von sich und uns »Pālangi«. Mit diesem Wort bezeichnen die Einheimischen weiße Ausländer. Es bedeutet »Explosion am Himmel« und geht auf Captain Cook zurück, der 1772 auf Tongatapu landete und zur Begrüßung seine Schiffskanonen abfeuerte. Wegen der Explosion am Himmel gaben die Polynesier fremden Menschen seither den Beinamen »Pālangi«.

Obwohl die Fahrt über eine Stunde dauert, ist sie äußerst kurzweilig. Henry bringt uns direkt bis vor unser Hotel. Als ich ihn frage, ob ich etwas zu den Benzinkosten beisteuern kann, lehnt er vehement ab. Stattdessen drückt er mir einen Zettel mit seiner Telefonnummer in die Hand. Wenn wir während unseres Aufenthaltes auf Tonga irgendwohin fahren wollen, sollen wir ihn einfach anrufen, er würde uns bringen, sagt er. Am Flughafen Frankfurt wäre eine solche Begegnung schwer vorstellbar.

Wir winken dem Auto lange hinterher und sind sprachlos über so viel Gastfreundschaft und Warmherzigkeit. Mir bringt diese Begegnung eine Erkenntnis: Empathie statt Regeln, Intuition statt Ratschläge.

Heimat ist überall

Wir treffen nur wenige andere »Pālangi« auf Tonga. Nur etwa 90 000 Besucher kommen pro Jahr auf diese abgelegenen Inseln. Die meisten zwischen Juli und Oktober, wenn Buckelwale aus der Antarktis hier Station machen, um ihre Jungen zur Welt zu bringen und sich fortzupflanzen. Es ist einer der wenigen Orte der Welt, an dem es sogar möglich ist, mit diesen Giganten zu schwimmen. Doch wir sind zu früh, um dieses Naturschauspiel zu erleben.

Stattdessen machen wir eine andere einzigartige Begegnung – mit einer faszinierenden Frau, mit der wir auch öfter schwimmen gehen und in die artenreiche Unterwasserwelt des Inselatolls eintauchen: Aneti. Vor 44 Jahren ist sie aus meiner Geburtsstadt Hagen in Deutschland nach Tonga ausgewandert. Damals wurde aus der Hagenerin Annette Wanisch auf Tonga Aneti Moimoi. Über einen Zeitungsartikel war ich vor meinem Besuch der Südseeinsel auf sie aufmerksam geworden und hatte Kontakt aufgenommen.

Aneti ist eine Bereicherung und wird in den Wochen, die wir auf Tonga verbringen, für mich zu einer Freundin. Sie bringt uns Menschen und Orte auf persönliche Weise nahe und organisiert sogar Kinderbuchlesungen an mehreren Grundschulen für mich. Und sie schafft noch etwas, womit wir nicht gerechnet haben – sie belebt eine uralte Verbindung aus Kindertagen wieder: Vor 40 Jahren spielte Kay als kleiner Junge in Hagen zusammen mit einem Willi aus Tonga Fußball. Der Clou: Aneti kennt Willi nicht nur, sie war es auch, die seinem Vater vor Jahrzehnten einen Kontakt zu ihrem damaligen Arbeitgeber in Hagen vermittelt hatte, sodass er mit seiner Familie fünf Jahre dort leben und arbeiten konnte.

Aneti ist ein Organisationstalent: Nach 40 Jahren macht sie sich mit uns auf die Suche nach Willi. Wir fahren gemeinsam zu mehreren Bekannten, die etwas über Willi wissen könnten. Und tatsächlich, nach wenigen Tagen hat sie ihn mit gutem Gespür ausfindig gemacht und arrangiert ein Treffen in einem Café in Nuku'alofa.

Ich fühle förmlich die Spannung, als Kay und ich mit ihr im Restaurant am Tisch sitzen und auf Willi warten. »Wie er wohl jetzt aussieht? Was macht er inzwischen?«, überlegen wir gemeinsam. Ein paar Minuten später betritt ein Mann mit stattlicher Statur den Raum und stellt sich als Willi vor. Wir begrüßen uns mit großem Hallo.

Es ist verrückt: Drei Menschen, die in Hagen aufgewachsen sind, und Willi aus Tonga, der fünf Jahre in Hagen gelebt hat, schwelgen in einem tongaischen Café in Hagener Erinnerungen. Wie klein die Welt doch ist!

Willi lädt Kay und mich spontan auf eine Inseltour und zu einem der auf Tonga beliebten Kava-Abende zu sich nach Hause ein. Natürlich sagen wir nicht nein.

Als wir bei Willi zuhause eintreffen, staunen wir nicht schlecht: Er hat einen riesigen Bottich Kava vorbereitet und, so scheint es, bereits den ein oder anderen Schluck probiert. Er wirkt noch fröhlicher und ausgelassener als zuvor im Café.

Kava, auch Rauschpfeffer genannt, wirkt entspannend. Die Insulaner mischen die getrockneten und pulverisierten Wurzeln der Pflanze zusammen mit Wasser zu einem traditionellen Getränk. Kava ist weit über Tonga hinaus verbreitet und wird oft bei Zeremonien oder zusammen mit Freunden getrunken. Australische Studien belegen, dass Menschen mit chronischen Angstzuständen und Depressionen wirksam damit behandelt werden können. In Deutschland ist der Pflanzenextrakt jedoch verboten.

Ich bin ehrlich gespannt, was mit mir passiert, wenn ich das Zeug trinke, und schlürfe vorsichtig einen kleinen Probierschluck. Davon merke ich rein gar nichts. Auch nachdem ich eine Kokosnussschale voll Kava getrunken habe, spüre ich keine Wirkung. Kay ist mutiger und trinkt im Laufe des Abends fünf Kokosnussschalen leer, in denen Kava typischerweise serviert wird. Willi ist offensichtlich noch größere Mengen gewohnt.

Der erste Schluck schmeckt ekelhaft sandig, der zweite auch, danach wird es nicht besser. Doch Kay bemerkt eine euphorisierende Wirkung: Das Getränk betäubt zuerst den Mund und entspannt danach die Gliedmaßen.

Der Abend wird lustig, wir lachen viel, erzählen von alten Hagener Fußballzeiten und was wir in den letzten 40 Jahren aus unseren Leben gemacht haben. Willi war, nachdem er aus Deutschland zurückgekehrt ist, bei der Marine und hat noch mehr von der Welt gesehen als wir. Zwischendurch taucht Willis Mutter auf und stellt uns ein Hähnchencurry auf den Tisch, für mich ohne Hähnchen. Für sie ist es selbstverständlich, ihren Gästen etwas zu essen zu servieren, auch wenn wir eigentlich nur für einen Kava-Abend vorbeigekommen waren. Spätabends holt Aneti uns ab und bringt uns zu unserem Hotel.

Ein Kater vom Kava bleibt am nächsten Tag aus. Das ist typisch für dieses Getränk und anders als bei Alkohol. Abends nimmt uns Aneti mit zu einer kulinarischen Veranstaltung, bei der Kochschüler verschiedene traditionelle Gerichte zubereiten. Sie verschafft uns damit einen Einblick in die tongaische Kultur: Junge Einheimische führen unterschiedliche Tänze auf, wir sind die einzigen Nicht-Tongaer bei der Veranstaltung. Die Tänzerinnen und Tänzer sind festlich gekleidet und am ganzen Körper mit hübschen Blumenkränzen geschmückt. Sie tanzen sich voller Hingabe regelrecht in Ekstase. Ihre Tänze sind eine Art der Kommunikation: Sie ehren besondere Menschen damit oder erzählen alte Legenden über das Land. Besonders der Otuhaka, ein Sitztanz, beeindruckt mich. Im Schneidersitz auf dem Boden bewegen die Tänzerinnen nur ihren Oberkörper. Sie lassen ihre Hände und Augen sprechen. Ihre Gestik und Mimik sind ausdrucksstark. Zwischendurch singen sie lauthals und schlagen auf eine große Kesseltrommel, die den Raum mit einem durchdringenden Hall erfüllt. Ein Gänsehautmoment!

Nach der Vorführung kleben die Zuschauer Geldscheine auf die dick eingeölte Haut der Tänzerinnen und Tänzer. Auch das gehört zur Tradition, ebenso wie die Tänze selbst.

An diesem Abend ist alles so neu, so fesselnd und mitreißend für mich. Wie anders mein Leben noch vor wenigen Jahren war, als ich tagein, tagaus in mein Büro gefahren bin. Ich staune über mich selbst: was ich alles erlebt habe, seit ich nach dem schwierigen Gespräch mit meinem Chef meinen Job verändert und mein Leben selbst in die Hand genommen habe. Wie sehr sich die Bedeutung meines damaligen Vorgesetzten am anderen Ende der Welt für mich verschoben hat. Das alles ist kaum in Worte zu fassen und wird mir an diesem besonderen Abend zwischen den tongaischen Tänzen bewusst.

Abenteuertrip ins Abseits

Nachdem wir uns auf der Hauptinsel Tongatapu umgesehen haben, wollen wir eine der nördlichen Inseln mit dem Schiff erkunden – so weit die Idee. Doch wie so oft kommt alles anders, und ich bin dankbar, ohne starren Reiseplan unterwegs zu sein.

Tonga unterteilt sich in vier Hauptinselgruppen, die teilweise hunderte Kilometer voneinander entfernt sind. Unser Ankunftsort Nuku'alofa liegt im Süden, auf Tongatapu, wo sich auch der internationale Flughafen befindet. Mit einer Fähre wollen wir etwa 300 Kilometer nach Norden reisen, auf die Insel Vava'u.

Vier Einheimische raten uns jedoch unabhängig voneinander von der Fähre ab. Die Realität unterscheidet sich wohl stark von meiner romantischen Vorstellung einer Südsee-Kreuzfahrt. Obwohl das Schiff frisch aus der Reparatur von Neuseeland zurückgekehrt ist, sei es heruntergekommen, erzählen uns die Einheimischen, und an Bord würde den meisten Passagieren übel. Zudem dauert die Reise mit der Fähre nach Vava'u anderthalb Tage. Einen Fahrplan gibt es nicht, ob und wann das Schiff fährt, sollen wir direkt am Hafen erfragen.

Die Alternative ist ein einstündiger Flug mit einer Fluggesellschaft mit dem betörenden Namen »Lulutai«, in einem kleinen Flugzeug, das niedrig über die zahlreichen Inseln fliegt. Ohne Seekrankheit und preislich nahezu identisch mit der Fähre. Das klingt verlockend. Obwohl wir nach unserer langen Flugreise von den USA nach Tonga ursprünglich zwischen den Inseln lieber das Schiff nehmen wollten, entscheiden wir uns spontan um.

Den Flugplan müssen wir in Tongatapu direkt im Büro der Airline erfragen, denn Lulutai hat keine Website, sondern nur ein Facebook-Profil.

Der Flug ist dann ein Erlebnis der besonderen Art. Anfangs bin ich erleichtert, dass ich den vermutlich gefährlichsten Teil der Reise unbeschadet überstanden habe: die rasante Taxifahrt zum Flughafen mit waghalsigen Überholmanövern. Als wir ankommen, staune ich nicht schlecht: Das kleine Flughafengebäude erinnert mich von der Größe an eine Sporthalle. In dem einzigen, spartanisch eingerichteten Raum verläuft die Abfertigung wie in alten Zeiten: Zwei uniformierte Damen der Fluggesellschaft füllen unsere Tickets per Hand mit einem Kugelschreiber aus. Anschließend reicht ein Mitarbeiter unsere Taschen hinter ihnen durch ein großes Loch in der Wand nach draußen, wo zwei kräftige Flughafenarbeiter sie entgegennehmen und auf einen Wagen hieven. Diesen ziehen sie später, beladen mit weiteren Gepäckstücken und unter Einsatz ihrer Körperkraft, zum Flugzeug. Die Aktion mag altmodisch wirken und länger dauern, funktioniert aber einwandfrei.

Der darauffolgende Flug in einer kleinen Propellermaschine entpuppt sich als aufregend und fast zu schön, um wahr zu sein. Er kommt mir surreal vor, wie ein Traum: Wir gleiten durch weiße Wolkenformationen, die am Himmel verstreut sind wie weiche Wattebäuschchen. Dazwischen tun sich immer wieder neue, atemberaubende Aussichten auf Tongas Inselarchipel auf: Eingebettet ins saphirblaue Meer, umringt von lebenden Korallenriffen und türkisfarbenem Wasser, thronen die Inselatolle wie Juwelen in der unermesslichen Weite des südpazifischen Ozeans. Der Flug über diese unberührte Natur löst in mir ein Gefühl der Verbundenheit mit unserer Erde aus.

Als wir in Vava'u wieder auf dem Boden der Tatsachen landen, suchen wir an dem einfachen, kleinen Flughafen einen Taxistand – vergeblich. Schließlich entdecke ich ein altes, verbeultes Auto mit einem Taxischild auf dem Dach. Wir fragen den Fahrer, ob er uns in die Stadt bringen kann. »Sicher«, sagt er und nickt, woraufhin wir einsteigen. »Ich will ein Bier«, begrüßt uns Sione, unser Fahrer, mit dem einzigen Satz, den er auf Deutsch kennt, und einem ausgiebigen Lachen, wie ich es selten zuvor erlebt habe.

Ursprünglich wollte er seine Frau abholen, verrät er uns unterwegs, doch sie muss nun warten. Während der 15-minütigen Fahrt führt er mehrere Telefongespräche auf Tongaisch, ich verstehe mehrmals das Wort »Pālangi«. Offenbar spricht Sione mit seiner Frau und erklärt ihr, dass er gerade spontan zwei Weiße – also uns – in den Ort bringt und anschließend zum Flughafen zurückkehrt, um sie abzuholen.

Früher war er Polizist, erzählt er uns, und dass Vava'u eine friedliche Gegend ist. Wir erreichen den Hauptort Neiafu mit seinen kleinen Geschäften, die die Hauptstraße auf beiden Seiten säumen. »Die meisten Läden werden von Chinesen betrieben, mit ein oder zwei Ausnahmen«, weiß Sione. Die chinesischen Einwanderer sind geschäftstüchtig auf Tonga.

Wenig später erreichen wir unsere Unterkunft. Nach Monaten des Reisens, in denen wir alle ein bis drei Tage weitergezogen sind, werden wir zwei Wochen hier verweilen: in einer kleinen Einzimmerwohnung direkt an einer Lagune. Mein Blick wandert über die bunten Segelboote, die vor grünen Palmen auf dem azurblauen Wasser vor Anker liegen und im Rhythmus der Wellen schaukeln. Die Sonne scheint warm in mein Gesicht, ein sanfter Wind weht mir durchs Haar, und meine innere Stimme flüstert mir bestätigend zu: »Hier möchte ich bleiben.«

Andere Länder, andere Sitten

Auf der abgelegenen Insel Vava'u bin ich überrascht, dass es zivilisierter aussieht, als ich erwartet hatte: Es gibt Restaurants, viele Autos und Geschäfte, wenn auch anders als bei uns. Die Läden sind einfacher und bunter, die Autos deutlich älter und stark verbeult. Es fährt sich prima darin, aber unseren deutschen TÜV-Mitarbeitern würden die Haare zu Berge stehen.

In den Restaurants bekommen wir oft nicht alles, was auf der Speisekarte steht. Verschiedenes Obst und Gemüse bauen die Tongaer selbst an, aber viele Lebensmittel und Gebrauchsgegenstände werden mit Schiffen von weit her aus Neuseeland importiert. Daher lautet die Devise: essen, was gerade da ist. Sobald etwas aus ist, ist es eben aus. Punkt.

Einmal wird mir eine ausführliche Speisekarte gereicht, mit den Worten: »Wir haben Gurken und Fisch, im Restaurant nebenan gibt es aber noch Paprika.« In den Geschäften ist das genauso: Während einer Woche bin ich fünf Tage lang immer wieder losgezogen, um Toastbrot zu kaufen – die einzige Brotsorte, die überhaupt in den Läden hier erhältlich ist. Doch bis das Versorgungsschiff neue Ware lieferte, blieb diese Suche erfolglos. Für mich ist das kein Problem.

Die Einfachheit lehrt mich, bewusst zu schätzen, was auch immer ich gerade auf dem Teller habe.

Es gibt so vieles auf Tonga, was meine Aufmerksamkeit auf sich zieht, weil es völlig anders ist als in Deutschland. Männer tragen hier Röcke, Lava-Lava oder Tupena genannt, das ist ganz normal. Sogar in der Schuluniform für Jungen sind Lava-Lavas vorgeschrieben, sie müssen allerdings lang genug sein, um die Knie zu bedecken.

Neu für mich sind auch die zahlreichen Hausschweine, die mir immer wieder auf offener Straße begegnen. Ein Tongaer erklärt mir, dass es auf dem eigenen Grundstück erlaubt ist, ein herumstreunendes Schwein zu erschießen. Der Schütze muss es aber vor die Tür legen, und nur falls sein Besitzer nicht innerhalb einer Stunde auftaucht, darf er es behalten und verspeisen. Einige Schweine beobachte ich, wie sie in einer Salzwasserlagune plantschen. Das ist eigentlich nicht ihr Revier, doch die schlauen Borstentiere fischen nach Leckereien in dem für sie fremden Lebensraum.

Zwischen den Schweinen laufen unzählige Straßenhunde herum, meist in erbärmlichem Zustand. Mein Herz blutet jedes Mal, wenn ich einen sehe. Manchmal sind die Begegnungen stressig, vor allem, wenn ich jogge oder mit dem Fahrrad unterwegs bin. Fahrräder sind eine Seltenheit hier, und die Tiere reagieren aggressiv auf die unbekannten Geräte. Ich kann verstehen, dass sie ihr Revier verteidigen, selbst wenn es für mich brenzlig wird.

Manche Tongaer essen die Straßenhunde. Allein bei dem Gedanken dreht sich mir der Magen um.

Grundsätzlich essen die Menschen hier viel, vor allem fettige und süße Speisen. Deshalb sind viele Insulaner übergewichtig. Dick sein ist hier Zeichen des Wohlstands. Entgegen der gängigen Vorstellung leben die meisten Übergewichtigen nicht in den USA, sondern in Ozeanien – Tonga steht weit oben auf der Liste der Länder mit der höchsten Fettleibigkeitsrate. Die Folge: Fast die Hälfte der Erwachsenen leidet an Diabetes. Der verstorbene König Taufa'ahau Tupou IV. war einst dickster König der Welt und ging mit 210 Kilogramm ins Guinnessbuch der Rekorde ein. Eine traurige Spitzenleistung.

Lustig ist dagegen mein Besuch beim einheimischen Inselfriseur. Als Pālangi bin ich hier eine Seltenheit – vor allem als Frau. Gewaschen werden meine Haare, wie grundsätzlich bei allen Kunden, nicht, nur geschnitten. Im Hintergrund läuft Reggae, und der junge Mitarbeiter singt beschwingt mit, während er an meiner Frisur herumschnippelt. Er erzählt mir, dass er noch nicht lange in diesem Beruf arbeitet, sich aber große Mühe gibt. Eine Ausbildung hat er nicht absolviert, stattdessen hat ihm ein Bekannter aus der Kirchengemeinde erklärt, wie Haareschneiden funktioniert, und ihm ein Video dazu gezeigt.

Egal, wie meine Frisur am Ende aussieht – ich finde sie okay –, der Besuch ist ein einmaliges Erlebnis und allein aus diesem Grund eine Bereicherung. Eitel bin ich ohnehin nicht. Nach dem Friseurbesuch stecke ich mir eine große rote Hibiskusblüte ins Haar, so wie fast alle tongaischen Frauen – das sieht wunderschön aus.

Kindertag

Am ersten Sonntag im Mai ist Kindertag auf Tonga. Für die Insulaner ist es ein wichtiger Tag, ebenso wichtig wie ihr Glaube und ihre Religion. Die meisten Menschen besuchen mehrmals pro Woche einen Gottesdienst, oft schon um 4:30 Uhr morgens. Heute widmen die Kirchengemeinden ihre Gottesdienste den Kindern und gestalten sie mit besonderer Hingabe.

Zwar bin ich selbst nicht religiös im üblichen Sinne – ich habe meine eigenen Vorstellungen von etwas Größerem als uns Menschen, etwas, das ein Auge auf uns hat, uns Kraft schenkt und Teil von jedem von uns ist. Ob du es Gott nennst, Universum oder Liebe, dafür bin ich offen. Doch Werte wie

Nächstenliebe, Vertrauen und Mitgefühl sind für mich essenziell und ich spüre eine Verbindung zu Kindern auf der ganzen Welt. Ferner hat mir eine einheimische Bekannte in Vava'u empfohlen, einen Gottesdienst zu besuchen, und so nehme ich am Kindertag teil. Meine Wahl fällt auf eine freie wesleyanische Kirche – die größte christliche Konfession des Landes, der mehr als 35 Prozent der Bevölkerung angehören. Ich bin gespannt, was mich erwartet, und freue mich auf dieses besondere Erlebnis.

Das erste Mal während unserer Reise denke ich über einen Dresscode nach. Meine Bekannte hatte mir empfohlen, ein schickes Kleid anzuziehen. Das zählt jedoch nicht zu den wenigen Klamotten, die ich auf unserer Weltreise in der Tasche habe. Also sind spontane Kreativität und Improvisation angesagt: Kurzerhand nehme ich, was mein Reisegepäck hergibt, und funktioniere ein blaugemustertes Wickeltuch zu einem langen Rock um, mit dem ich meine Beine bis zu den Knöcheln bedecke. Eine Geste des Respekts, um den Menschen und dem feierlichen Anlass gerecht zu werden.

Doch als ich die prachtvoll gekleideten Einheimischen in der Kirche sehe, verschlägt es mir die Sprache. Frauen und Mädchen tragen schicke weiße Kleider mit feiner Spitze und über diesen festlichen Outfits Ta'ovalas, traditionelle Matten, geflochten aus Blättern oder Baumrinde, die sie oft von ihren Vorfahren erben und mit einem Strick um ihre Hüften drapieren. Auch Männer und Jungen schmücken sich mit Ta'ovalas, allerdings über festlicher dunkler Kleidung.

Ich fühle ich mich underdressed. Doch als ein Kirchenhelfer uns vor dem Gottesdienst persönlich willkommen heißt und uns herzlich in die Gemeinschaft aufnimmt, spielen weder Kleidung noch Herkunft eine Rolle. Danach bleibt sowieso keine Zeit mehr, mir einen Kopf über meine Klamotten zu machen, denn der Gottesdienst geht los: Die Kinder tragen voller Stolz Bibelverse vor, selbst die Allerkleinsten. Ich spüre ihre Aufregung, als sie mit zitternder Stimme ihre Texte in ein Mikrofon aufsagen. Zusammen mit den Erwachsenen singen sie Lieder und der Pfarrer hält eine Predigt auf Tongaisch. Ich verstehe zwar kein Wort, genieße die andächtige Stimmung und die intensive Erfahrung aber trotzdem. Der Blick in die leuchtenden Kinderaugen überbrückt sowieso jede Sprachbarriere.

Nach dem Gottesdienst feiern die Tongaer die Kinder in ihren Familien. Überall gibt es Festessen – ich habe den Eindruck, denen sind ein paar Schweine zum Opfer gefallen, die jetzt weniger auf den Straßen herumlaufen. Am Vortag herrschte reges Treiben auf dem Markt in Vava'u, die Leute haben gekauft, was sie tragen konnten. Denn auch in den beiden folgenden Wochen gibt es noch ordentlich was zu feiern – der Mai steht ganz im Zeichen der Familie: Der erste Sonntag ist Kindertag, der zweite Muttertag und der dritte Vatertag.

Die Menschen auf Tonga verbringen den Sonntag aber auch ohne speziellen Feiertag mit ihren Familien. Der Tag ist per Gesetz als Sabbat heilig erklärt. Anfangs war das für mich gewöhnungsbedürftig, denn so gut wie alles ist untersagt – sogar Joggen, Radfahren oder Im-Meer-Schwimmen. Die Straßen in Vava'u sind wie leergefegt. Geschäfte und Restaurants geschlossen – bis auf zwei Ausnahmen, die geöffnet haben, damit die Touristen nicht verhungern. Doch ich erlebe bei den Einheimischen, wie schön es ist, einen Tag in der Woche bewusst Zeit mit der Familie zu verbringen und sie wertzuschätzen.

Für die Tongaer ist sie die zentrale Einheit. Zehn bis fünfzehn Kinder in einer Familie sind keine Seltenheit. Jungen und Mädchen werden gesondert erzogen und schlafen schon in jungen Jahren unter verschiedenen Dächern.

Ich denke an meine eigene Familie, die tragende Säule in meinem Leben. An unseren Sohn, der seit vier Monaten getrennt von uns in Neuseeland seinen Träumen folgt und meinem Leben seit seiner Geburt eine tiefere Dimension verleiht.

Ich vermisse ihn und bin froh, dass er Teil meines Lebens ist. Eine Welle der Wärme und Dankbarkeit durchströmt mich. Eine starke Verbindung, die unglaubliches Glück bedeutet. Nicht nur am Kindertag.

Glücksgeheimnis einer Tongaerin

In der Touristeninformation auf Vava'u begegne ich Ana, einer jungen Tongaerin, als ich nach einer WLAN-Verbindung frage. Sie ist Ende zwanzig, auf Vava'u geboren und aufgewachsen und arbeitet seit einem Jahr hier im Büro. Ich frage sie, wie die Menschen in einfachen Verhältnissen und nach dem schweren Vulkanausbruch zurechtkommen. Daraus entwickelt sich ein fesselndes Gespräch über die Gewohnheiten auf Tonga, über ihr Leben und ihr Verständnis von Glück.

Ana ist Single und lebt als Einzige von sieben Geschwistern bei ihrer Adoptivmutter.

»Die Familien hier sind groß. Das Schwierigste ist, alle Kinder großzuziehen. Nach dem Schulabschluss gehen viele zum Studieren ins Ausland. Einige bleiben auch bei ihren Eltern und packen dort mit an. Das entscheidet jeder selbst«, gibt Ana einen Einblick in das tongaische Familienleben.

»Es ist nicht so: ›Ich bin 18, ich bin weg.‹ Wir bleiben bis 21 bei unseren Eltern, manchmal länger. Wenn wir heiraten, entscheiden wir selbst, ob wir zur Familie des Ehemanns oder der Ehefrau ziehen. Wir kennen und schätzen unsere Familie und das Leben hier. Reisen wir ins Ausland, erinnern wir uns immer daran, wo wir aufgewachsen sind. Wir gehen und kommen später wieder nach Hause, um zu helfen. Wir Mädchen übernehmen die Verantwortung und kümmern uns um unsere Eltern«, berichtet Ana, die es als eine Selbstverständlichkeit ansieht, für ihre Eltern da zu sein.

»Meine Eltern haben sich immer gut um uns gekümmert und uns geholfen. Wenn wir erwachsen sind und alt genug, um zu wissen, wie wir unseren Eltern helfen können, geben wir ihnen zurück, was wir von ihnen bekommen haben. Hier läuft das so: Wir arbeiten, verdienen Geld und geben das Geld der Familie. Auch wenn du studierst, gehst du arbeiten für die Familie.«

Eine schöne Lebensphilosophie, finde ich, auf diese Weise Danke zu sagen und füreinander zu sorgen. Ich erkundige mich, wie die Menschen auf Tonga ihr Geld verdienen.

»In Vava'u gibt es nicht viel Arbeit. Die meisten Menschen betreiben Landwirtschaft oder Fischerei. Jeder hat sein eigenes Business.

Die Kinder ziehen oft für die Schule nach Tongatapu auf die Hauptinsel im Süden. Nach dem College suchen sie dort einen Job, wenn sie nicht ins Ausland gehen. Auf Vava'u ist es ruhiger. Hier läufst du einfach durch die Gegend und machst, wozu du Lust hast. Das Leben genießen und relaxen«, schwärmt Ana von dem entspannten Lebensrhythmus auf ihrer Heimatinsel. Sie macht einen zufriedenen Eindruck.

»Hast du deine Trauminsel jemals verlassen?«, frage ich sie.

»Ich bin 2017 für zweieinhalb Jahre nach Hawaii gegangen und habe dort Kommunikationswissenschaften an einer Universität der Mormonen, meiner Kirche, studiert. Das Wetter auf Hawaii ist super, genauso wie auf Tonga. Das Essen, die Menschen und der Ozean – das ist alles ähnlich. Das Meer ist fünf Minuten vom Campus entfernt. Du gehst einfach hin, setzt dich, ruhst dich aus und hast keinen Stress. Aber es ist teuer dort. Ich habe auf dem Campus gewohnt, studiert und auch gearbeitet«, erzählt Ana. Durch Corona ist sie länger im Ausland hängengeblieben als geplant. In dieser Zeit hat sie Verantwortung für sich übernommen.

»Ich habe gelernt, wie man überlebt. Ich kann viele Dinge schaffen. Wenn zuhause etwas passiert, kann ich mich selbst versorgen. Das macht mich glücklich«, schwärmt die sympathische junge Frau.

Dann schwelgt sie in Erinnerungen an ihre Großeltern, von denen sie viel gelernt hat. Ihr Opa hat sie oft mit in den Garten und aufs Feld genommen, ihre Oma hat ihr Kochen beigebracht und ihre Mutter Putzen.

»Auf Hawaii habe ich alleine gelebt, da hat mir das sehr geholfen. Ich ging arbeiten, studierte, kochte für mich, putzte für mich.« Anas Stolz ist nicht zu übersehen. Ob sie sich selbst für glücklich hält, frage ich sie.

»Glücklich, hier, in Vava'u? O ja, sehr! Ich bin niemand, der sich dauerhaft im Ausland sieht. Vielleicht irgendwann, aber nur für einen Besuch. Ich lebe gerne hier.

In Tonga hat jeder sein eigenes Land. Die Menschen bauen ihre eigenen Häuser. Das Einzige, wofür sie bezahlen müssen, sind die Stromrechnung und bestimmte Lebensmittel. An manchen Orten auch für Wasser, aber es regnet oft und wir sammeln das Regenwasser in Wassertanks. Viele Menschen pflanzen ihre eigenen Feldfrüchte an und kaufen einen Traktor, um das Land zu kultivieren und für die Ernte. Ich liebe es. Ich bin definitiv hier glücklich!« Die junge Tongaerin wirkt zufrieden, als sie über das Inselleben erzählt.

Was genau sie glücklich macht, möchte ich von ihr wissen, und ob sie einen Geheimtipp für das Glücklichsein hat, den ich zuhause anderen Menschen weitergeben kann.

Sie braucht nicht lange zu überlegen: »Meine Freiheit. Ich bin frei hier. Niemand setzt mich unter Druck oder bestimmt über mich. Nur unsere Eltern haben Einfluss auf uns, wenn wir mit ihnen unter einem Dach leben. Es ist die Freiheit, tun und lassen zu können, was ich möchte. Mir geht es gut.«

Ich denke eine Weile über ihre Worte nach und erzähle ihr von meinen Erfahrungen in meinem früheren Job beim Fernsehen, bevor ich meinen Weg in eine andere Richtung fortsetzte.

»Das ist komisch«, stimmt Ana zu, »nachdem ich an der Uni auf Hawaii fertig war, musste ich während der Pandemie zu meiner Tante nach Dallas in Texas, den USA, ziehen. Dort musste ich in ihrem Restaurant helfen, frühmorgens aufstehen, Dinge für das Restaurant vorbereiten, war immer in Eile. Dabei habe ich gemerkt: Nein, das bin nicht ich. Meine Tante hat mich gebeten zu bleiben, aber ich habe Nein gesagt. Ich wollte diese Art von Leben nicht leben. Das ist nicht meins.«

Ich bewundere Anas Mut, sich abzugrenzen und auf ihre Intuition zu hören. »Ja«, sagt sie nachdenklich, »das war mutig. Besonders, weil ich dort gutes Geld verdient habe, das doppelte Einkommen von dem, was ich vorher hatte. Ich habe Geld von Übersee nach Tonga geschickt, zu meiner Mutter. Aber ich fühlte einfach, das ist nicht die Art von Freiheit, die ich möchte. Ich wollte dort nicht dauerhaft bleiben.«

»Es ist wertvoll, zu dir selbst zu stehen«, bestätige ich sie, »und den Mut zu haben, ›Stopp‹ zu sagen, ›ich möchte das so nicht‹.«

Ana erzählt, wie sehr ihr wahres Zuhause bei ihren Wurzeln in Vava'u ist, dort, wo sie aufgewachsen ist, bei ihrer Familie. Tonga ist für sie ein Gefühl der Geborgenheit und des inneren Friedens.

»Es war schön, ins Ausland zu gehen, ich hatte dort wirklich alles, was ich brauchte, aber ich war nicht vollständig. Ein Teil von mir fehlte. Ich musste nach Hause zurückkommen. Ich liebe einfach alles hier auf Vava'u.

Das ist wie bei den Lachsen. Sie wandern irgendwohin, und wenn du alt bist, müde davon wirst, willst du nach Hause zurückkehren. Das bin ich. Das ist, wie ich mich empfinde und wie ich mich hier in Vava'u sehe.« Ihre Stimme, ihre Augen, ihre gesamte Körperhaltung spiegeln Lebensfreude wider, als sie ihre Wahrheit ausspricht.

»Ist das auch dein Geheimnis, wie du dein Glück findest?«, frage ich sie.

»Ja, das Leben auf Tonga und meine Familie sind mein Glück.« Ana denkt über die Zukunft nach. »Ich helfe meiner Mutter im Haushalt und habe zwei kleine Kinder adoptiert.

Die Kinder meiner Cousine. Ich kann ihnen helfen, sie großziehen, für eine bessere Zukunft. Es ist nicht für mich, um in Zukunft davon zu profitieren, sondern nur für sie. Ich sehe mich langfristig dabei, den Kindern zu helfen. Das macht mich glücklich.«

Die Erde bebt

Ein heftiges Rütteln reißt mich gegen 5:00 Uhr jäh aus dem Schlaf. Das Bett bebt, die Wände wackeln, der Boden schwankt. Panik ergreift mich, als die Realität mich erreicht. Ein Erdbeben! Ich halte den Atem an und reiße die Augen auf. Was für ein Schreckensmoment in den frühen Morgenstunden.

Neben mir spüre ich, wie Kay sich regt. Im Halbschlaf dachte er, ich hätte mich umgedreht und deshalb hätte das Bett gewackelt. Eine kurze, tröstliche Illusion – die Wahrheit ist eine andere.

Im Dunkeln tasten meine Hände nach dem Lichtschalter, doch bevor ich ihn finde, hört das Wackeln und Rumpeln auf. Ein Gefühl der Unsicherheit nagt an mir, während wir gemeinsam versuchen, die Lage zu erfassen. Wie stark war das Beben? Besteht die Gefahr eines Tsunamis, wie beim Ausbruch des Vulkans Hunga Tonga-Hunga Ha'apai im Jahr 2022?

Durch seine besondere Lage treten kleinere Erdbeben auf Tonga regelmäßig auf. Doch dieses Beben ist nicht klein, im Gegenteil, es ist sehr stark.

Wir suchen nach Informationen, ob es eine Tsunamiwarnung gibt. Der einzige Radiosender, den ich empfange, sendet jedoch um 5:00 Uhr morgens einen Gottesdienst auf Tongaisch. Einen Fernseher haben wir nicht.

Nach sieben Minuten schaffen wir es, im Internet Nachrichten abzurufen. Sieben Minuten, die mir wie eine Ewigkeit vorkommen – und die über Leben und Tod entscheiden können.

Die US-Erdbebenwarte USGS meldet das Beben mit der Stärke 7,6 nahe Tonga. Sofort kommen mir Bilder des Erdbebens vom Februar 2022 in der Türkei in den Sinn, mit einer Stärke von 7,8 und verheerenden Folgen.

Mein Herz rast, Angstschweiß breitet sich aus. Die höchste Erhebung in unserer Nähe ist etwa 20 Meter hoch. Ich gehe raus auf den Balkon und beobachte die Wasseroberfläche. Es bleibt ruhig, wir befinden uns in einer geschützten Lagune der Insel Vava'u, unser Appartement liegt leicht erhöht. Beides ist gut für uns.

Doch die Ruhe ist trügerisch. Inzwischen erhalten wir weitere Informationen: Es ist das heftigste Erdbeben auf Tonga seit 15 Jahren. Das Epizentrum liegt etwa 400 Kilometer nördlich von uns, der Erdbebenherd 210 Kilometer tief im Meer. Glück im Unglück! Aufgrund der Tiefe werden keine starken Auswirkungen an der Wasseroberfläche erwartet. Eine Tsunamiwarnung gibt es nicht.

Im ersten Moment bin ich erleichtert, doch die Anspannung bleibt. Wird es Nachbeben geben?

Meine innere Stimme meldet sich: »Ich muss hier weg!« Dieses Mal flüstert sie nicht wie sonst, sondern schreit mich lautstark an. Der Gedanke, hier festzustecken, schießt mir durch den Kopf. Sollen wir die Flucht ergreifen? Auf Vava'u schwierig, und das wäre wohl auch überstürzt. Flüge zur Hauptinsel gibt es ohnehin nur Montag, Dienstag und Mittwoch. Heute ist Donnerstag. Schiffe fahren unregelmäßig, wenn überhaupt. Also heißt es abwarten.

Ich hatte mir ja ohnehin vorgenommen, zu üben, in schwierigen Situationen gelassen zu bleiben. Das hätte ich vor Aufregung doch glatt vergessen.

Offensichtlich kann ich die Situation nicht im Geringsten beeinflussen, ich habe keinerlei Kontrolle darüber, ob weitere Erdbeben erfolgen und wie stark sie sind. Ich besinne mich jedoch, dass ich immer Einfluss auf meine Emotionen habe. Ob das selbst in Extremsituationen möglich ist?

Ich versuche, das Erdbeben und mein unruhiges Gefühl zu akzeptieren und meine aufgewühlten Gedanken zu beruhigen. Das ist in diesem Moment allerdings keine leichte Aufgabe: Wie soll das gehen, im Inneren Ruhe zu finden, wenn die Welt um dich herum in einem Erdbeben tobt? Dem Tohuwabohu da draußen mit Gelassenheit zu begegnen?

Worte des chinesischen Philosophen Konfuzius gehen mir durch den Kopf:

»ES IST BESSER, EIN EINZIGES KLEINES LICHT ANZUZÜNDEN, ALS ÜBER DIE DUNKELHEIT ZU KLAGEN.«

Mit diesem Gedanken konzentriere ich mich auf meine Atmung. Sie ist flach, wie immer in stressigen Situationen. Ich erinnere mich an einen Tipp gegen Lampenfieber und Ängste, den mir eine Moderatorin einmal verraten hat: die »4–7–8-Atmung«. Sie kann helfen, Ängste zu lösen, den Blutdruck zu senken und Einschlafstörungen abzumildern – und sorgt damit insgesamt für eine höhere Stressresistenz.

Ich probiere es aus und atme langsam vier Sekunden durch die Nase bis in den Bauch ein, halte den Atem sieben Sekunden lang an und atme acht Sekunden langsam und gleichmäßig durch den Mund aus. Das Ganze wiederhole ich zehn Mal hintereinander und nehme wahr, wie ich dadurch zunächst meinen Körper und dann meine Gedanken beruhigen kann. Es ist schlichtweg nicht möglich, gleichzeitig angespannt und entspannt zu sein. Wissenschaftlich ist längst bewiesen, dass wir Stress durch bewusste Atmung gegensteuern und unser Nervensystem runterfahren können. Ein einfacher, effektiver Weg, um Anspannung abzubauen.

Selbst in dieser aufwühlenden Erdbebensituation signalisiere ich meinem Körper mit der bewussten, tiefen Atemtechnik, zur Ruhe zu kommen, worauf er auch gleich reagiert.

Dadurch, dass ich meine volle Aufmerksamkeit auf meinen Atem richte, kann ich meine Sorgen unterbrechen. Meine unruhigen Gedanken verschwinden und ich lenke sie mit zunehmender Entspannung in eine positive Richtung – zum Vertrauen, statt mich an meiner Angst festzuklammern. Es wird schon alles gut werden. Niemand ist verletzt, nichts ist zerstört. Irgendwann finde ich zurück in einen unruhigen Schlaf.

In den nächsten Stunden treten tatsächlich mehrere Nachbeben auf, aber zum Glück sind sie schwach, ich merke sie kaum.

Mein mulmiges Gefühl verschwindet jedoch in den nächsten Tagen nicht. Jedes laute Geräusch, jede unerwartete Bewegung lassen mich aufhorchen.

Als sich Kay in der nächsten Nacht im Schlaf umdreht, bin ich hellwach und mein Gehirn will mir weismachen: Achtung, Erdbeben!

Doch ich orientiere mich an den Insulanern – sie wirken entspannt, für sie scheinen Erdbeben nicht ungewöhnlich zu sein. Ich frage eine Einheimische, was sie macht, wenn sie in einem gesundheitlichen Notfall schnell die Insel verlassen muss, weil die medizinische Versorgung auf Tonga begrenzt ist. Sie zuckt die Achseln und hat eine für mich völlig überraschende Antwort parat: Tonga ad hoc zu verlassen sei schwierig, allerdings gäbe es auf den Inseln wunderschöne Beerdigungen, die mit speziellen Zeremonien begangen würden.

Diese Sichtweise ist mir bislang noch nicht in den Sinn gekommen. Ich denke lange darüber nach, wie wichtig es ist, jeden Augenblick des Lebens zu genießen und selbst in belastenden Situationen etwas Positives zu suchen.

Meine Gedanken über ein weiteres starkes Erdbeben treten dabei in den Hintergrund. Trotz Angst und Unsicherheit an das Gute zu glauben, darin liegt ein Schlüssel zum Glück.

Kinderbuchlesungen am anderen Ende der Welt

Als ich die Augen öffne, weiß ich sofort: Heute wird ein sehr besonderer Tag meines Lebens werden. Es ist 6:00 Uhr früh, ich richte mich im Bett auf und nehme mir einen Moment, um mich bewusst auf das bevorstehende Ereignis zu fokussieren. Wir sind zurück auf der Hauptinsel Tongatapu. Leise Aufregung steigt in mir hoch, ein angenehmes Kribbeln breitet sich aus und mein Herz schlägt etwas schneller als gewöhnlich. Es ist Vorfreude, pure Vorfreude.

In wenigen Stunden werde ich zwei ehrenamtliche Kinderbuchlesungen aus meinen »Friedolins Freunde«-Büchern an einer tongaischen Grundschule halten – im letzten polynesischen Königreich mitten in der Südsee. Tonga ist definitiv der am weitesten von meiner Heimat entfernte Ort, an dem ich jemals eine Lesung veranstaltet habe oder veranstalten werde. Der Inselstaat im Südpazifik liegt ziemlich genau auf der gegenüberliegenden Seite der Welt.

Zuhause habe ich hunderte Veranstaltungen mit tausenden Kindern gegeben, doch heute habe ich nur eine vage Ahnung davon, was mich erwartet. Ich weiß weder, wie viele Kinder teilnehmen werden und wie alt sie sind, noch habe ich eine Vorstellung davon, wie der Unterricht an tongaischen Schulen normalerweise abläuft und ob mich meine jungen Zuhörer auf Englisch überhaupt verstehen werden. Erst recht ist ungewiss, ob ich meine Bücher während der Lesung wie gewohnt über einen Beamer an die Wand projizieren und allen Kindern gleichzeitig zeigen kann.

Aber all das schüchtert mich nicht ein. Ich werde mich einfach spontan auf die Gegebenheiten vor Ort einlassen und meiner Intuition folgen. Wenn ich mir selbst vertraue, kann nichts schiefgehen, egal, was auf meiner Reise um die Welt passiert. Ich habe sogar ein starkes Erdbeben überstanden, was soll dann bei einer Kinderbuchlesung passieren? Ich nehme mir vor, die Werte, die ich den Kindern über meine Tierfiguren vermittle, heute bewusst selbst zu leben: Einzigartigkeit, Mut, Selbstvertrauen und Gelassenheit.

»Welche besonderen Botschaften möchte ich den Kindern im Südpazifik mit auf den Weg geben?«, frage ich mich und denke einen Moment darüber nach. Das mache ich häufig morgens, bewusst wählen, was ich auf andere Menschen ausstrahlen und wie ich durch den Tag gehen möchte. Heute entscheide ich mich gezielt für Liebe und Inspiration.

Nach dem Frühstück holt uns Aneti um 9:45 Uhr ab. Sie hat die Lesungen organisiert und bringt uns mit dem Auto zur Schule. Ich freue mich, ihr vertrautes Gesicht zu sehen. Sie stellt mir den Schulleiter vor: Christopher, Ende fünfzig, ein Bekannter von ihr. Mit seiner warmen Stimme macht er einen sympathischen Eindruck auf mich. Er führt uns durch das Gebäude zum Klassenzimmer. Noch ist es leer, ein schlichter, aber dennoch gemütlicher Raum. Viele kleine Teppiche liegen auf dem Boden verstreut, Sitzgelegenheiten für die Kinder. Tische oder Stühle gibt es nicht. An einer Wand prangt eine einfache Tafel, während die gegenüberliegende Seite des Raumes mit unzähligen weißen Papierblättern abgehängt ist. Bevor ich das Klassenzimmer betrete, ziehe ich wie alle anderen die Schuhe aus.

»Wir haben insgesamt 240 Schülerinnen und Schüler an unserer Schule. Zur ersten Lesung kommen die jüngeren Kinder, die sind ungefähr sechs Jahre alt. An der zweiten Lesung nehmen dann die bis zu Zehnjährigen teil«, erzählt Christopher mir. Gut zu wissen. Jetzt erfahre ich auch, dass so ziemlich alle Kinder der Schule bei den beiden Veranstaltungen dabei sein werden. Schließlich gibt es nicht jeden Tag eine Kinderbuchlesung, erst recht nicht von einer Pālangi vom anderen Ende der Welt. »240 Kinder, das sind ganz schön viele. Ich werde laut sprechen müssen«, geht es mir durch den Kopf. Ein Mikrofon, das ich zuhause für große Lesungen einsetze, steht an diesem entlegenen Ort nicht zur Verfügung.

Der Schulleiter präsentiert mir jedoch stolz einen Beamer, den er aufgetrieben hat. Das freut mich, dann kann ich den Kindern die vielen bunten Bilder aus meinen Büchern in groß zeigen. Doch leider währt meine Freude nicht lange, denn die Technik spielt nicht mit. Der Beamer lässt sich auch nach diversen Versuchen nicht mit meinem Laptop verbinden. Auf einmal taucht die kleine Schildkröte aus meinen Kinderbüchern vor meinem geistigen Auge auf: »Keep cool, bleib gelassen!« Okay, es wird auch ohne Beamer gehen.

Mitten in meine Gedanken stürmen die Kinder herein. Viele Kinder. Sehr viele. Der kleine Raum füllt sich mehr und mehr. Die Kids setzen sich in ihren blau-weißen Schuluniformen auf die Teppiche auf dem Boden. Sie rücken immer dichter zusammen, bis der kleine Raum aus allen Nähten zu platzen droht.

Ich lasse mich ebenfalls auf dem Boden nieder – wie immer bei meinen Lesungen, um mich auf Augenhöhe mit meinen jungen Zuhörern zu begeben. Doch in diesem Fall ist das keine gute Idee, denn die Kinder in den hinteren Reihen können mich jetzt weder sehen noch gut hören. Also stehe ich wieder auf. Inzwischen sitzt etwa die Hälfte der Schulkinder, also deutlich über 100 Mädchen und Jungen, eng an eng vor mir. Sie reden aufgeregt durcheinander, es herrscht ein ordentliches Tohuwabohu.

Christopher klatscht ein paar Mal in seine Hände und sorgt damit augenblicklich für Ruhe. Dann erklärt er den Kindern, was heute im Unterricht passiert. Über hundert Augenpaare schauen mich erwartungsvoll an. Auch ich bin gespannt wie ein Flitzebogen. Was dann folgt, geht mir unter die Haut: Auf Anleitung ihres Schulleiters strecken die Kinder ihre Arme in die Luft und schmettern aus voller Brust ein Lied für mich. Laut und leidenschaftlich danken sie Gott für meinen Besuch. Ihre Stimmen füllen den kleinen Raum vollständig aus und überwältigen mich. Ich ringe um meine Fassung und schaffe es gerade noch rechtzeitig, den Kloß in meiner Kehle herunterzuschlucken, bevor sie zu Ende gesungen haben. Plötzlich ist es mucksmäuschenstill. Jetzt bin ich an der Reihe: Nervös verrate ich ihnen auf Englisch, wer ich bin und dass ich um den halben Erdball zu ihnen gereist bin.

»Ich habe euch jemanden mitgebracht: Friedolin.« Umständlich krame ich mein kleines Schaf hervor, das ich als Kuscheltier zusammen mit zwei Büchern bis ans Ende der Welt mitgeschleppt habe. Meine Intuition hatte mir zuhause vorgegeben, die Sachen einzupacken – jetzt weiß ich auch, warum. Die anderen fünf Tierfiguren mit ihren besonderen Botschaften stelle ich den Kindern über die Bilder aus meinen Büchern vor und beziehe sie direkt auf sie. »Wie könnt ihr mutig werden? Was sind eure Träume?«, frage ich in die Gruppe. Inzwischen habe ich zu meiner gewohnten Sicherheit zurückgefunden.

Lehrer möchten sie werden, Krankenschwester, Pilot oder Politiker. Ein größerer Junge träumt sogar davon, UN-Friedenshelfer im Nahen Osten zu werden. Jetzt bin ich baff. Ihre Träume und ihre grenzenlose Fantasie berühren mich. Es freut mich sehr, wie sie sich mir anvertrauen, sich für andere einsetzen wollen und ihre Lebensträume mit der Gruppe teilen.

So laut ich kann, lese ich die englische Übersetzung drei meiner Geschichten vor, die ich einen Tag zuvor im Zimmer meiner Unterkunft mangels eines Tisches an einem zum Schreibtisch umfunktionierten Bügelbrett angefertigt hatte. Anschließend überlegen wir gemeinsam, wie ein Buch produziert wird. »Du brauchst Bilder dafür! Und Ideen!«, ruft ein kleiner Junge mit strahlenden Augen.

Nach 40 Minuten sind die Kleinen mit ihrer Konzentration am Ende, als plötzlich heftiger Regen einsetzt, der lauter auf das Dach prasselt, als ich mit meiner Stimme dagegen anreden kann.

Kurze Pause, dann sind die zehnjährigen Kinder dran. Auch sie begrüßen mich freudestrahlend mit lautem Gesang.

Ich nehme wahr, dass sie voll darin aufgehen. Dieses Mal positioniere ich mich an der Wand mit der Tafel und zeichne kurzentschlossen meine Tierfiguren an. Mehr schlecht als recht, aber immerhin zum Vergnügen aller Anwesenden. Die Kinder kichern und halten meine an die Tafel gekrakelte Maus für einen Hasen. Das macht mir nichts, die Zeichnungen helfen trotzdem, meine Tiere und ihre Werte besser zu veranschaulichen.

Wir tauschen uns über die Einzigartigkeit jedes Lebewesens aus. Dabei wird mir bewusst, wie sehr ich als Weiße, als Pālangi, aus dieser Gruppe heraussteche. Ich fühle mich trotzdem wohl bei den Kindern, denn sie vermitteln mir ihre Wertschätzung und Zuneigung. Sie respektieren mich, nehmen mich an, so wie ich bin. Genauso wie ich sie.

Gespannt lauschen sie, als ich ihnen einen kleinen Abschnitt meines Buches auf Deutsch vorlese, und stellen fest, dass auch meine Sprache anders klingt als ihre.

Zum Abschluss überlegen wir gemeinsam, was der Schatz am Ende des Regenbogens in meinen Büchern sein könnte. Jetzt bilden wir eine Einheit, die äußeren Unterschiede sind vergessen. Sie spielen sowieso keine Rolle.

Als ich mich für ihre Aufmerksamkeit bedanke, applaudieren die Kinder leidenschaftlich und hunderte kleine Daumen zeigen nach oben. Mehrere jüngere Mädchen und Jungen werfen mir Herzchen-Hände zu. Wieder macht sich ein Kloß in meiner Kehle breit, ich bin zutiefst bewegt, erleichtert und in diesem Moment einfach nur glücklich. Was für ein überwältigender Augenblick meines Lebens!

Es dauert noch eine Stunde, bis wir das Schulgelände verlassen können. Alle Kinder, auch die Kleinen, umringen uns, umarmen mich, stellen Fragen. »Wie alt bist du?« – »Hast du eine Schwester?« – »Wie heißt dein Sohn?«

Friedolin bekommt an diesem Tag besonders viele Streicheleinheiten. Und ich ein aus den Fasern einer Kokospalme geflochtenes Armband, das mir ein Junge als Zeichen seiner

Freundschaft schenkt. Ein kleines Mädchen, Ane, steckt mir einen Zettel zu. Darauf hat sie in bunter Farbe drei Worte geschrieben: »I love you!«

Ich bin gerührt. Offensichtlich hat funktioniert, was ich mir am Morgen bewusst vorgenommen hatte: den Kindern Liebe entgegenzubringen. Diese Liebe geben sie mir doppelt und dreifach zurück.

»Wann wirst du wiederkommen?«, fragt mich Ane. Es fällt mir schwer, zu antworten. Ich bin ehrlich. »Leider gar nicht, Tonga ist zu weit weg«, sage ich ihr. Aber ich werde sie mitnehmen, diese Kinder, in meinem Herzen. Und ich ermutige sie, den Botschaften von Friedolin und seinen Freunden nachzukommen: »Folge deinem Herzen, lebe deine Träume und vertraue dir!« Diese Lesungen heute mitten im Südpazifik sind der beste Beweis, zu welchem Reichtum und welcher Erfüllung das führen kann.

»Ich werde dich nie vergessen«, ruft mir eines der kleineren Mädchen nach, als es meine Hand loslässt, die es auf dem Weg über den Schulhof festgehalten hat. Ein letztes Gruppenfoto, bevor ich das Schulgelände verlasse. Die Kinder strecken mir ihre kleinen Hände durch den Schulzaun hinterher. Ich berühre jede einzelne von ihnen. Und sie berühren mich. Nicht nur an der Hand, auch in meinem Herzen. Diese besondere Lesung am anderen Ende der Welt werde ich niemals vergessen!

Loslassen annehmen

Mit zwiespältigen Gefühlen warte ich am Flughafen auf unseren Weiterflug nach Neuseeland. Gerade erst habe ich Aneti Lebewohl gesagt. Als Andenken bleiben persönliche Geschenke und wertvolle Momente, die wir miteinander geteilt haben. Der Abschied stimmt mich traurig, fühlt sich dumpf an. Höchstwahrscheinlich werden wir uns nicht so bald wiedersehen, wenn überhaupt. Nicht nur Aneti wird mir fehlen, auch einige Einheimische und andere Weltenbummler, mit denen wir eine unvergessliche Zeit auf Tonga verbracht haben.

Der kleine Kater Bonnie hat sich besonders in mein Herz geschlichen. Er hat in der letzten Woche oft geduldig vor unserer Unterkunft gewartet, wie selbstverständlich ein Plätzchen auf meinem Schoß erobert und unermüdlich Streicheleinheiten eingefordert. Es schmerzt, ihn zurückzulassen, ohne ihm mein Verschwinden erklären zu können.

Am Flughafen lasse ich meine Gefühle und die vergangenen knapp vier Wochen auf Tonga Revue passieren. Sie gleichen einer Achterbahnfahrt. Ich begreife langsam, wie viele tolle Menschen und einzigartige Momente ich hier erlebt habe. Ich denke über das Loslassen nach. Es fällt mir schwer. Doch es ist essenziell, während unserer Reise, aber auch, wenn wir andere Traumziele im Leben erreichen möchten.

Oft vermeiden wir es, loszulassen – sei es von Menschen, einem Job oder der Vergangenheit –, da es schmerzhaft ist und mit Unsicherheiten verbunden sein kann. Dabei kostet Festhalten oft mehr Kraft als Loslassen. Loszulassen kann genauso befreiend sein, wie das Festhalten anstrengend sein kann.

Beim Abschied auf Tonga wird mir bewusst, wie sehr das Festhalten an Vergangenem uns oft daran hindert, frei im Hier und Jetzt zu leben, vor allem bei schwierigen Ereignissen. Halten wir an alten Situationen fest, erhalten wir sie in uns.

Hilfreich bei Konflikten ist, zu vergeben. Das bedeutet nicht, gutzuheißen, wenn etwas Belastendes passiert ist, sondern Frieden damit zu schließen, um losgelöst in die Zukunft gehen zu können.

Wie schaffe ich es auf Tonga, loszulassen? Indem ich es akzeptiere, das Land zu verlassen – nicht gegen die Situation ankämpfe, nicht in den Widerstand damit gehe.

Der Schlüssel dafür ist, meine Emotionen anzunehmen, und zwar alle, auch die unangenehmen. Wir haben nicht ohne Grund verschiedene Gefühle. Keines bleibt dauerhaft, jedes einzelne hat seine Berechtigung und es ist wichtig, es zu fühlen.

Oft können wir uns erst dann auf neue Abenteuer einlassen, wenn wir etwas Altes loslassen.

Am Flughafen nehme ich mir Zeit für meine Emotionen und horche in mich hinein. Nach einer Weile verzieht sich meine bedrückte Stimmung und eine andere Emotion wird immer deutlicher: eine unbeschreibliche Vorfreude auf Neuseeland, unsere letzte Reiseetappe. Vor allem freue ich mich auf unseren Sohn, den wir dort wiedersehen werden.

NEUSEELAND: KIA ORA

Kulturschock

Wir erreichen Auckland gegen Mitternacht. Drei Nächte bleiben Kay und ich in einem Ein-Zimmer-Appartement im 17. Stock eines Hotels, mitten im brodelnden Großstadtgetriebe. Ein Blick aus dem Fenster und ich bin geblendet: Ein Meer aus funkelnden Lichtern, umrahmt von Hochhäusern, dahinter liegt der gigantische Hafen mit Verladekränen und riesigen Frachtern.

Wir sind aus dem Südseeparadies Tonga in Auckland, der pulsierenden Metropole Neuseelands, angekommen – ein Ortswechsel, der es in sich hat.

»Willkommen zurück in der Zivilisation«, flüstere ich mir selbst zu und spüre eine unglaubliche Euphorie in mir aufsteigen, als ich eine Waschmaschine entdecke, die in der nächsten Zeit Schwerstarbeit für uns leistet. Das Wäschewaschen wird zu einem farbenfrohen Fest, kreuz und quer hängen Kleidungsstücke zum Trocknen im Raum verteilt. Ich kann mich nicht erinnern, mich jemals derart über ein solches Haushaltsgerät gefreut zu haben. Das liegt daran, dass ich eine Waschmaschine unterwegs nur gelegentlich in Waschsalons nutzen kann, auf Tonga mit der Hand gewaschen und kein einziges sauberes Kleidungsstück mehr in meiner Reisetasche habe.

Doch erst der nächste Tag bringt den wahren Kulturschock, auf einer Tour durch Auckland: Zurück in der westlichen Welt ist alles völlig anders als auf Tonga. Die Luft ist kühl und herbstlich, bunte Laubbäume verlieren Ende Mai erste Blätter, die Straßen sind breit und makellos. Sie tragen sogar Namen – im Gegensatz zu den Wegbeschreibungen auf Tonga, die etwa lauten: »An der dritten Kokospalme links«, an denen du dich orientierst. Die Autos auf Neuseelands Straßen wirken geradezu luxuriös, und die Kleidung der Menschen holt mich in unsere Kultur zurück: Die Männer tragen Anzüge und Krawatten statt Lava-Lavas und Ta'ovalas. Das fühlt sich ungewohnt an, irgendwie befremdlich.

Auf Tonga gibt es auch keine Hochhäuser wie in Auckland mit seinen 1,6 Millionen Einwohnern. Damit alle ihren Platz finden, recken sich riesige Wolkenkratzer so hoch in den Himmel, dass ich mir den Nacken verrenke und staune, weil ihre Spitzen an den Wolken zu kratzen scheinen. In der Innenstadt wechseln sich Designerläden und schicke Cafés ab. Konsum im Überfluss – das gibt mir zu denken.

Vieles erscheint mir nach dem einfachen Leben auf Tonga unnötig. Ich schätze die Waschmaschine, bevor wir in Kürze in einen Camper umziehen. Aber ein Föhn, der im Hotel zum Standard gehört, hat mir in den letzten Monaten nie gefehlt. Selbst bei minus 16 Grad am Bryce Canyon nicht – da habe ich mir mit nassen Haaren einfach die Mütze tiefer ins Gesicht gezogen.

Trotzdem finde ich Auckland beeindruckend, besonders von oben. In 40 Sekunden katapultiert uns ein Aufzug im Sky Tower in die 51. Etage. Er ist mit 328 Metern der höchste Fernsehturm der südlichen Hemisphäre und das Wahrzeichen der Stadt. Mancher Adrenalinjunkie ist schneller wieder unten, als er hochgekommen ist: mit einem beherzten Sprung in die Tiefe am Bungee-Seil, das außen vor der Fensterfront baumelt.

Mir reicht der Blick durch den Glasboden nach unten. Das Gefühl, in der Luft zu stehen, ist himmlisch, von meiner Höhenangst bemerke ich nichts. Dafür nehme ich tief unter meinen Füßen Menschen winzig wie Ameisen wahr.

Noch mehr fasziniert mich, was ich sehe, als ich wieder hochschaue: Der Sky Tower bietet einen Rundum-Panoramablick über die gesamte Stadt. Auckland thront auf über 40 Vulkanen – von hier oben sehe ich einige davon wie Kegel aus dem Stadtbild herausragen. Ich frage mich, was hinter der Stadtgrenze liegt, hinter dem leuchtenden Horizont, bis zu dem ich heute blicken kann. Einige Tage später befinden wir uns im Camper dorthin auf dem Weg.

Sprungbrett der Verstorbenen

Ehrfürchtig stehe ich am Rand einer Klippe und denke über Leben und Tod nach. Eine lange Fahrt durch endlose grüne Hügel und mausgraue Nieselregenwolken hat uns zu diesem spirituellen Ort geführt: Cape Reinga. Neuseelands Nordzipfel zieht mich in seinen Bann. Hier enden nicht nur die Straße und die Nordinsel, sondern für die Maori, die Ureinwohner Neuseelands, ist es auch der Übergangsort der Verstorbenen in die spirituelle Welt und der heiligste Ort des Landes. Er hat große Bedeutung für ihre Kultur und symbolisiert Respekt und Ehrfurcht. Essen und Trinken sind hier untersagt.

Aus der Ferne blicke ich auf den Punkt, an dem die Seelen der Verstorbenen nach dem Glauben der Maori ihre Reise in ihre spirituelle Heimat, nach Hawaiki, antreten, um sich dort mit ihren Vorfahren wieder zu vereinen: einen 800 Jahre alten Pōhutukawa-Baum am nördlichsten Punkt des Kaps, der die Verbindung zwischen unserer und ihrer Welt darstellt. Er klammert sich mit seinen Wurzeln an einen kleinen Felsvorsprung im Meer und trotzt den unwirtlichen Bedingungen – Te Rerenga Wairua, der Absprungplatz der Geister.

Für Besucher ist der Zugang tabu, und das ist auch gut so. Selbst aus einiger Entfernung ist der Anblick ergreifend.

Schon die Reise mit dem Camper an diesen mystischen Ort fühlt sich an wie der Anlauf auf einem Riesensprungbrett. Neuseelands Nordzipfel liegt am Ende einer langen und schmalen Halbinsel, die sich über 100 Kilometer bis zum Cape Reinga erstreckt. Der Ausblick von hier oben ist großartig: Unter mir treffen zwei Meere aufeinander – der Pazifik und die Tasmanische See. Bei stürmischem Wetter türmen sich die Wellen bis zu zehn Meter hoch auf. Heute zeigt sich das Meer von seiner friedlichen Seite.

Anfangs bin ich skeptisch gegenüber der Legende der Ureinwohner. Ist es möglich, dass unsere Seelen nach dem Tod in eine spirituelle Heimat zurückkehren und dort unsere Ahnen wiedertreffen? Doch als die Sonne langsam im Nebel hinter dem Felsen im Meer verschwindet, spüre ich die Magie dieses Ortes und erahne, weshalb er für die Maori den Übergang in die Anderswelt darstellt: Die klaren Konturen von Felsen und Leuchtturm, Himmel und Meer, verschwimmen mit dem Versinken der Sonne im Nebel. Die Stimmung ist rätselhaft, nebulös, gespenstisch. Mir ist ehrfürchtig zumute.

Als die Sonne vollständig verschwunden ist und der kühle Nebel langsam an unseren Beinen hochkriecht, verlassen wir diese ergreifende Stätte.

Ein Stück weiter südlich passieren wir den Ninety Mile Beach – einen 90 Meilen langen, menschenleeren Sandstrand – und landen mitten im bunten Leben: Friedensreich Hundertwasser hat seine farbenfrohen Spuren hinterlassen. Der österreichische Architekt und Künstler lebte fast 30 Jahre in einem einfachen Haus ohne Elektrizität in der Gegend. Eine seiner Hinterlassenschaften: ein skurriles stilles Örtchen, eine öffentliche Toilette, die nicht allein wegen ihrer künstlerischen Gestaltung zahlreiche Besucher anzieht.

Funkelnder Glücksmoment

Aufgeregt laufe ich im engen Raum des Campers auf und ab, räume herumliegende Sachen beiseite und schlüpfe in die saubersten Klamotten, die ich in meiner Reisetasche finde. Ein prüfender Blick in den Spiegel verrät: Meine Augen strahlen mit dem auf Hochglanz geputzten Innenraum des Wagens um die Wette. Am Frühstückstisch laufen mir zum wiederholten Male Freudentränen übers Gesicht, ich bekomme sie einfach nicht in den Griff. Mein Herz schlägt höher, die Vorfreude auf das, was gleich passieren wird, übertrifft alles, was ich auf dieser Weltreise erlebt habe. Auf diesen Moment habe ich lange gewartet, ihn mit Kay zu teilen, macht ihn doppelt so schön.

Nach 19 Wochen sehen wir endlich unseren Sohn wieder, hier in Neuseeland, am anderen Ende der Welt. Erstmal nur für einen kurzen Zwischenstopp, doch das ist egal.

Ihn für eine Weile um mich zu haben, ist das Highlight meiner gesamten Abenteuertour um die Welt. Trotz all der offenherzigen Menschen, exotischen Tiere und faszinierenden Landschaften, denen wir begegnet sind, bleiben die Menschen, die ich liebe, der kostbarste Schatz meines Lebens.

Als wir das Haus seiner Gastfamilie an der Bay of Plenty an der Ostküste der neuseeländischen Nordinsel fast erreicht haben, sehe ich, wie wir im Camper an unserem Sohn vorbeifahren, der uns entgegengelaufen ist. Jetzt gibt es kein Halten mehr: Ich reiße die Tür auf, springe aus dem noch rollenden Wagen und laufe zu ihm rüber. Es folgt eine innige Umarmung. Die Freude darüber, unser Kind wieder in den Armen zu halten, ist ein unbeschreibliches Glücksgefühl.

Auch bei unserem Sohn nehme ich ehrliche Freude wahr. Er stellt uns seine Gastfamilie vor und zeigt uns sein Zimmer. Dann brechen wir gemeinsam zu einem geheimnisvollen Ort auf: den Glühwürmchen-Höhlen.

Sie liegen auf der gegenüberliegenden Seite der Insel, in der Nähe der Westküste bei dem Ort Waitomo. Die Gegend ist für ihre Kalksteinhöhlen bekannt, bislang sind gut 300 kartografiert. Ein unterirdisches Labyrinth aus Höhlen und Flüssen, eine der Hauptattraktionen der Nordinsel. Als ich dort bin, begreife ich, warum.

Die Magie des Augenblicks wird offensichtlich, als Scuba, unser Guide, seine Taschenlampe ausschaltet und uns bittet, für 15 Sekunden die Augen zu schließen. Als ich sie wieder öffne, dauert es einen Augenblick, bis sich meine Augen an die Dunkelheit gewöhnen und ich mich orientieren kann. Dann jedoch sehe ich über mir an der Höhlendecke abertausende kleine Lichter wie Galaxien funkeln. Die Szenerie erinnert mich an die Milchstraße. Einfach bezaubernd! Doch es sind keine Sterne, die hier leuchten, sondern lebendige kleine Tierchen: »glowworms«. So ein Naturschauspiel habe ich noch nie gesehen.

Neben mir höre ich einen unterirdischen Fluss rauschen, den ich im Schein der Glühwürmchen undeutlich erkennen kann. Zusammen mit Guide Scuba und meiner Familie steige ich in ein kleines Boot und wir gleiten einige Meter auf dem Wasser in der Höhle unter dem Lichterzauber entlang.

Es ist unwirklich schön. Besonders freue ich mich, diesen Glücksmoment nicht nur mit meinem Mann, sondern auch mit unserem Sohn zu teilen, vereint als Familie diese unterirdische Zauberwelt zu erleben.

Anders als die Glühwürmchen in Deutschland können ihre neuseeländischen Namensvettern in der Höhle nicht fliegen. Es sind Larven von Langhornmücken. Sie erzeugen mit Leuchtorganen ein sanftes grün-bläuliches Licht und spinnen klebrige Fäden. Diese hängen sie von der Höhlendecke, um Insekten zu fangen, die durch das Licht angezogen werden. Sobald ein Opfer kleben bleibt, rollen sie den Faden auf und fressen es. Je heller die Glühwürmer leuchten, desto hungriger sind sie.

Nur in wenigen Orten Neuseelands und im Osten Australiens gibt es diese faszinierenden Insekten.

Ich schwebe gerade im siebten Glühwürmchenhimmel, als Scuba uns plötzlich zur Eile antreibt. Draußen regnet es stark. Dadurch steigt der unterirdische Fluss, auf dem wir eben noch eine idyllische Kahnfahrt unternommen haben, binnen Minuten rasant an. Wir müssen die Spellbound-Höhle mit ihren leuchtenden Bewohnern schleunigst verlassen. Doch Scuba führt uns routiniert, und so schaffen wir es rechtzeitig nach draußen.

Nach einer kurzen Verschnaufpause erkunden wir eine zweite Höhle – ohne Fluss und funkelnde Insekten, dafür mit etlichen durch künstliches Licht in Szene gesetzten Stalagmiten und Stalaktiten. Zwischen den Tropfsteinen stoßen wir auf das Skelett eines Moas, eines ausgestorbenen flugunfähigen Riesenvogels, der einst auf Neuseelands Wiesen graste und vor längst vergangenen Zeiten durch einen Schacht in die Höhle gefallen sein muss.

Vollgepackt mit faszinierenden Eindrücken kommen wir zurück ans Tageslicht. Jetzt heißt es Abschied nehmen. Nicht nur von den Höhlen, auch von unserem Sohn. Wir bringen ihn zurück zu seiner Gastfamilie und trennen uns noch einmal für einige Wochen voneinander. Doch dieser gemeinsame Tag in den Glühwürmchen-Höhlen von Neuseeland wird ein besonderes Erlebnis in meinem Leben bleiben und noch lange in mir funkeln.

Überraschung

Kay und ich verlassen die Küstenstraße an der Bay of Plenty und fahren auf dem Highway Nummer 2 im Inland südwärts. Die Strecke ist gezeichnet von Straßensperrungen und den Hinterlassenschaften eines verheerenden Zyklons, der zu Beginn des Jahres über das Land gefegt ist: Eine große Straßenbrücke liegt zerstört in einem Tal, und einige Kilometer weiter fehlen Abschnitte der Fahrbahn, sie sind weggespült von den Naturgewalten. Ich bin erschüttert, mit welcher unbändigen Kraft die Natur hier gewütet hat.

Immer wieder unterbrechen temporäre Straßensperrungen unsere Fahrt. Nach acht anstrengenden Stunden unterwegs auf einer wirklich schlechten Fahrbahn kommen wir am späten Abend übermüdet in der Küstenstadt Napier an. Es ist bereits stockdunkel. Wir sind froh, dass wir einen riesigen, fast leeren Parkplatz am Hafen finden, auf dem wir uns ausruhen wollen. Da die vier Camper-Stellplätze belegt sind, stellen wir uns für die Nacht direkt neben die Campingzone auf eine freie Stellfläche. Wird schon okay sein, beschließen wir.

Doch weit gefehlt! Manchmal passieren Dinge, mit denen du im Traum nicht rechnen würdest!

Als wir friedlich schlummern, heftet uns ein Officer nachts um 3:00 Uhr, zack, einen Strafzettel an die Scheibe – während wir im Auto sind!

Am nächsten Morgen dann das böse Erwachen: 200 neuseeländische Dollar sollen wir berappen, knapp 120 Euro. Nachdem ich den ersten Schock überwunden habe, stapfe ich entrüstet zum städtischen Rathaus, um vor Ort die hohe Geldstrafe zu bezahlen, da auf dem Ticket keine internationale Bankverbindung angegeben ist.

Die dortige Mitarbeiterin ist genauso empört über das übertriebene Bußgeld wie ich. Sie rät mir, eine E-Mail an die Stadt zu schicken und zu erklären, weshalb wir außerhalb der markierten Camper-Fläche geparkt hatten. Gesagt, getan.

Dann passiert wieder etwas, womit ich nicht gerechnet habe: Kurz darauf bekomme ich eine Antwort. Die Polizeibeamten zeigen sich verständnisvoll und erlassen uns die Strafe. Was für ein Glück! Es lohnt sich, nicht so schnell aufzugeben und stets zu versuchen, das Beste aus einer Situation herauszuholen!

Was wir nicht sehen, beeinflusst, was wir sehen

»Es sind die Dinge, die wir nicht so leicht sehen können, die beeinflussen, was wir sehen können.« Die unscheinbare Holztafel an einem Waldweg bringt mich aus dem Tritt. Sowohl beim Laufen als auch in meinen Gedanken. Ich nehme mir Zeit, über die Bedeutung des Satzes nachzudenken: Was wir nicht sehen, beeinflusst, was wir sehen.

Auf der Tafel geht es um Pflanzen und deren Wachstum im Tongariro Nationalpark. Das wird durch drei unsichtbare Faktoren bestimmt: die lokale Historie wie Feuer und Lavaflüsse, das geologische Umfeld und die Überlebensstrategien der einzelnen Pflanzen.

Das trifft genauso auf uns Menschen zu. Was wir nicht sehen, beeinflusst wesentlich, wer wir sind und unser äußeres Auftreten: Ereignisse unserer Vergangenheit, Erwartungen aus unserem Umfeld sowie unsere Gedanken, Gefühle und Fähigkeiten.

Sogar das, was wir in uns selbst nicht bewusst erkennen, bestimmt, wie wir uns sehen, fühlen und verhalten: unser Unterbewusstsein. Es steuert den mit Abstand größten Teil dessen, was wir täglich tun und denken.

Indem wir das Unterbewusste für uns sichtbar machen und bewusst neue Gedanken und Überzeugungen etablieren, können wir selbst bestimmen, wie wir sind und wie wir leben. Unser Selbst.bewusst.sein ist der Schlüssel für eine glückliche Lebensreise und auf dem Weg zu unseren Träumen.

All das beschäftigt mich, während ich stundenlang durch den Tongariro Nationalpark wandere, dem mit über 100 Jahren ältesten Nationalpark Neuseelands.

Die Landschaft, die ich sehe, ist einzigartig und geprägt durch die lokalen Gegebenheiten und ihre Vergangenheit: ein Bergmassiv mit drei mächtigen Vulkanen. Sie sind hochaktiv und spielen eine wichtige Rolle für Pflanzen, Tiere und

Menschen in der Umgebung. Einer von ihnen, der Mount Ruapehu, ist mit knapp 2800 Metern der höchste Berg der Nordinsel und einer der aktivsten Vulkane der Erde. Einst hat er gewaltige Spuren hinterlassen: Am Weihnachtsabend 1953 sorgte er für eine Tragödie, als eine riesige Welle aus Vulkanschlamm einen Zug und 151 Menschen mit sich in den Tod riss. Heute erinnert eine Gedächtnisstätte an dieses traurige Ereignis. Dennoch zieht der Nationalpark viele Ski- und Wanderfreunde an, aber seine vulkanische Aktivität erfordert Respekt.

Ich genieße die Landschaft: smaragdgrüne Seen, erstarrte Lavaströme, schneebedeckte Vulkangipfel und Wasserfälle, die als Kulisse für die bekannten »Herr der Ringe«-Kinofilme dienten.

Fast alles, was ich hier sehe, ist das Ergebnis von Prozessen, die ich nicht sehen kann. Doch andersherum beeinflusst auch das, was ich sehe, Dinge, die ich nicht sehen kann – genau wie bei uns Menschen.

Ein Unikat: Kartoffi

Ich beobachte, wie mein Atem kleine Dampfwolken im Innenraum des Campers hinterlässt – ich kann hier drinnen hauchen. Ende Juni ist in Neuseeland tiefster Winter. Fünf Wochen sind wir mit einem in die Jahre gekommenen VW-Kastenwagen unterwegs. Ich bin ihm sehr dankbar, befördert er uns doch zu den schönsten Plätzen der Nordinsel und hat immer ein Bett, eine Toilette und einen Kühlschrank für uns parat. Mit ihm sind wir frei, spontan dorthin zu fahren, wohin wir möchten, und können günstig, meist sogar kostenfrei, in Städten oder in traumhafter Natur übernachten.

Doch unser verrosteter Reisegefährte hat auch seine Macken: Dass er nur jedes zweite Mal anspringt, was an Plätzen fernab der Zivilisation eine spannende Note in unsere Reise bringt, sehe ich dem Senior mit seiner über 330 000

Kilometer langen Reiseerfahrung nach. Für mich wird vielmehr seine frostige Innenatmosphäre eine Übung für meine Gelassenheit.

Der Wagen hat rundherum Fenster. Das ist einerseits genial, denn sie bieten einen herrlichen Panoramablick. Andererseits bedeuten sie eine schlechte Isolierung. Die Heizung macht sowieso, was sie will.

Wenn gegen 17:30 Uhr das Tageslicht verschwindet, ist das einzig warme Plätzchen im engen Wohnraum unser Bett, für das wir täglich Tisch und Sitzbank wegklappen müssen. Zuhause ist das normalerweise nicht meine Bettzeit, hier verschwinde ich jedoch fünf Wochen lang gegen 18:00 Uhr unter der warmen Decke und arbeite ab frühabends am Laptop. Einen Fernseher haben wir nicht, vermissen ihn aber auch nicht.

An diesem Morgen ziehe ich Handschuhe an, als ich Obst für unser Müsli schneide, damit meine Finger nicht einfrieren. Banane und Äpfel, die ich dafür am Vorabend extra aus dem Kühlschrank genommen hatte, um sie nicht kalt zu essen, sind heute gefroren. Hätte ich sie im Kühlschrank gelassen, wären sie wärmer geblieben. Man lernt eben nie aus im Leben.

Warmes Wasser rückt der alte Camper grundsätzlich nur nach Belieben heraus. Ich bin ihm nie auf die Schliche gekommen, warum er sich nicht für uns erwärmt, selbst wenn wir den Warmwasserboiler auf volle Pulle drehen.

Klar ist mir dagegen, weshalb das Licht im Innenraum abends nicht immer funktioniert und wir mit Stirnlampe oder Kerzen den Raum aufhellen: Die Batterie ist alt, sie möchte täglich am Strom aufgeladen werden, den wir ihr allerdings jenseits von Campingplätzen selten bieten können.

Ich taufe dieses Unikat liebevoll »Kartoffelsackcamper mit Schrankklo, Loch und Maus«, kurz: »Kartoffi« – die alten Jutevorhänge vor den Fenstern erinnern mich an Kartoffelsäcke, eine winzige Toilette samt Dusche befindet sich in einem kleinen, schrankähnlichen Verschlag und durch eine undichte Stelle tropft bei Regen Wasser in die Fahrerkabine.

Und dann gibt es da noch die kleine Maus, die sich am ersten Abend durch ein Loch in der Karosserie in den Innenraum zwängt.

Ich schlummere schon selig, als Kay plötzlich irritiert flüstert: »Hey, was ist das?« Sofort bin ich wieder hellwach, setze mich im Bett auf und frage zurück: »Was ist WAS?«

Ich folge dem Blick meines Mannes, der suchend über meinen Kopf hinweg zu einem der Fenster schaut.

»Na, da ist gerade etwas direkt an deinem Kopf vorbei über das Bett zu dem Fenster da gehuscht«, sagt er und zeigt in die vordere Richtung von Kartoffi.

Ich starre gebannt seinem Finger hinterher, und dann sehe ich sie: Zuerst lugt nur ihr Schwanz hinter dem alten Jutevorhang hervor, doch plötzlich hangelt sich eine kleine, braune Maus geschickt an einem der Vorhänge hoch.

»Neiiiin! Das gibt's doch nicht!«, quietsche ich erschrocken und überlege aufgeregt, wie wir sie am besten fangen und aus dem Fahrzeug befördern können. Eines ist mir jedenfalls klar: Wenn wir sie nicht einfangen, werde ich diese Nacht kein Auge zubekommen. Auch wenn ich Tiere mag, die Vorstellung, dass mir im Schlaf eine Maus auf der Nase herumtanzt, finde ich nicht besonders entspannend.

Die Suche nach einem geeigneten Behälter erweist sich als wenig ergiebig. Kartoffis spärliches Inventar ist genau abgezählt: Zwei Tassen, zwei Müslischüsseln, zwei Gläser – ein anderes Gefäß gibt es nicht.

Kay schnappt sich heldenhaft eines der beiden Trinkgläser. Wohl wissend, dass unsere Nachtruhe auf dem Spiel steht, nähert er sich damit vorsichtig der Maus, die sich jetzt regungslos am Vorhang festkrallt. Schnell stülpt er ihr das Glas über und deckt es mit einem Papier ab. Gefangen! Das ging leichter als erwartet. Kays Mundwinkel ziehen sich beinahe von einem Ohr bis zum anderen und er platzt fast vor Stolz.

»Puh«, seufze ich erleichtert und betrachte die Maus, die in unserem Trinkglas in der Falle sitzt. Mit ihren schwarzen Knopfaugen sieht sie wirklich niedlich aus und erinnert mich an die abenteuerlustige Maus aus meinen Kinderbüchern.

Wir entlassen den Nager draußen in die Freiheit und warten noch eine Weile, ob weitere Exemplare aus dem Loch in der Karosserie klettern. Doch das ist nicht der Fall. Also lege ich mich wieder hin, ziehe mir die Decke über die Ohren und bin froh, dass die Maus alleine mitgereist ist und ihre Familie zuhause gelassen hat.

Die Erde lässt Dampf ab

Die Erde brodelt, blubbert und zischt überall um mich herum. Qualm steigt aus dutzenden Löchern aus dem Boden. Ein Geruch nach Schwefel liegt in der Luft. Das Szenario gleicht einer Kraterlandschaft auf dem Mond. Im Gegenlicht der untergehenden Sonne wirkt es surreal.

Die Craters of the Moon liegen mitten im Herzen der Nordinsel. Sie sind ein Thermalfeld und Teil der Taupō-Vulkanzone, die durch das Aufeinandertreffen zweier tektonischer Platten der Erdkruste verursacht wird. Die Folge: ein Hotspot geothermischer Aktivitäten mit unzähligen heißen Quellen, Vulkanen und Geysiren. Das Land generiert einen großen Teil seines Stroms aus dem Energievorkommen dieser Region.

Die Craters of the Moon sind ebenso beeindruckend wie ihre Entstehungsgeschichte: Ein Erdwärmekraftwerk senkt vor Jahrzehnten den Grundwasserspiegel, was zu verstärkter thermischer Aktivität führt, die diese außergewöhnliche Landschaft formt. Sie wächst bis heute: Mehr und mehr blubbernde Erdlöcher und dampfende Krater tun sich im Laufe der Zeit auf.

In der Nähe werden diese Aktivitäten für Thermalbäder genutzt. Für uns genau das Richtige. Nach mehreren Wochen, in denen wir in unserem alten Camper nur äußerst kurz und kalt duschen konnten, freue ich mich so richtig auf das ausgiebige Bad in den 30 bis 40 Grad heißen Thermalbecken der Wairakei-Terraces-Therme. Das Wasser ist auffällig blau und stammt aus natürlichen Quellen, die durch Erdwärme erhitzt werden. Es fließt durch verschiedene Gesteinsschichten, enthält viele Mineralien und hat deshalb angeblich heilsame Wirkung. Früher kamen Besucher aus der ganzen Welt hierher, tranken das Wasser oder badeten darin, um zu gesunden, insbesondere bei Hautkrankheiten. Auch die Maori nutzten solche natürlichen Quellen schon vor langer Zeit für medizinische und therapeutische Zwecke.

Das warme Wasser fühlt sich richtig weich auf meiner Haut an und wärmt meinen Körper durch und durch. Die Becken sind umringt von einer natürlichen Landschaft, es gibt sogar einen echten, sprudelnden Geysir. Ich genieße diesen Ort in vollen Zügen – eine wahre Wohltat!

Als unsere Haut nach mehreren Stunden aufgeweicht ist, verlassen wir die Therme und erkunden, was die Umgebung sonst noch zu bieten hat: den Lake Taupō, Neuseelands größten See. Mit 40 Kilometern Länge und knapp 30 Kilometern Breite ist er fast so groß wie Singapur.

Der See liegt in einer Caldera, im Kessel eines ausgebrochenen Supervulkans. Die letzte Eruption des Taupō vor über 1800 Jahren ist einer der größten von Menschen jemals aufgezeichneten Vulkanausbrüche. Damals werden riesige Mengen Asche in die Luft geschleudert, die Neuseeland komplett bedecken und jegliches Leben dort zerstören. Die Asche in der Atmosphäre hat globale Auswirkungen auf das Klima, und sogar im entfernten China und Rom werden ungewöhnlich rot gefärbte Sonnenauf- und -untergänge beobachtet. Die Katastrophe führt zu großen Landschaftsveränderungen und zur Entstehung des Lake Taupō.

Heute sehe ich ihm seine außergewöhnliche Vergangenheit nicht mehr an. Friedlich liegt er da, wir entspannen uns an seinen Ufern.

Über 30 Zuflüsse versorgen ihn mit Wasser, aber es gibt nur einen einzigen Abfluss: Das gesamte Seewasser fließt in den Waikato River – den längsten Fluss Neuseelands – und weiter in die Huka Falls. Das sind die spektakulärsten Wasserfälle, die ich je gesehen habe. Sie führen mir die Kraft der Naturgewalten vor Augen.

Das Flussbett verengt sich kurz vorher von 100 auf 15 Meter und drückt das Wasser mit einer eisblauen Farbe durch eine Engstelle. Mit lautem Getöse wirbelt es zwischen engen Felswänden hin und her und reichert sich wie in einem Whirlpool mit Sauerstoff an. Am Ende stürzen gigantische Wassermassen in die Tiefe: 220 000 Liter Wasser pro Sekunde! Unmittelbar hinter der Engstelle kommt der Fluss in seinem breiten Bett wieder zur Ruhe.

So wie ich am Ende dieses ereignisreichen Tages auch.

Perle im Pazifik

Stell dir vor, es gibt einen Ort, an dem du einfach du selbst sein kannst. Wirklich DU, unangepasst, frei, ohne Erwartungen von außen. An dem deine Einzigartigkeit gefeiert wird. Er liegt am Rande des Ozeans, umgeben von einer wunderschönen Landschaft aus rauen, schwarzen Sandstränden und sanften, grünen Hügeln. Eine Perle inmitten schillernder Natur – ihr Name ist Raglan.

Das klingt wie ein Märchen? Aber es gibt diesen Ort wirklich – an der Westküste von Neuseelands Nordinsel. Raglan ist anders als alles, was ich bisher auf meiner Reise um die Welt erlebt habe: lässig, schräg, hip.

Eine Stadt, die ihren eigenen Rhythmus lebt. Mir gefällt es hier sofort, noch bevor ich im Café »The Stoned Cow«

meinen besten Cappuccino der Südsee genieße und die ersten Eindrücke auf mich wirken lasse.

Die Läden sind genauso alternativ und bunt wie die Menschen, die darin arbeiten. In einem Shop finde ich nicht nur Secondhand-Klamotten, sondern auch die abgefahrensten Hüte, die ich je gesehen habe, und echte, alte Vinyl-Schallplatten. Eine davon erfüllt den Raum auf einem uralten Plattenspieler mit Jazzmusik. Ich fühle mich 40 Jahre in meine Kindheit zurückversetzt.

Raglan mit seinen 3500 Einwohnern gilt als Surfparadies. Der Ort bietet aber noch viel mehr: Kunst, Kultur und Lebensfreude. Maler, Fotografen und Kunsthandwerker haben ihren Platz hier gefunden. Songwriter und bekannte Musiker geben sich für Live-Gigs die Klinke in die Hand.

Mich beeindrucken besonders die Menschen, die hier wohnen. Sie leben im Einklang mit der Natur, sind freundlich und offen – auch, was ihr Outfit angeht: Alles ist möglich, nichts ein Muss. Schuhe sind im Sommer überbewertet.

Jeder ist willkommen, so authentisch, wie er ist. Mir fallen viele bunte Typen auf, sie sind alle akzeptiert und integriert – jeder in seiner flippigen Einzigartigkeit. Das macht Raglan für Menschen aus aller Welt attraktiv. Einige bleiben, ich kann es gut nachvollziehen.

Ich treffe Leute, die mich mit ihrer Lebensgeschichte und ihrem Mut zum Neuanfang inspirieren. Aussteiger, die ihr Hamsterrad links liegen gelassen haben und nach Raglan abgebogen sind, um frei und selbstbestimmt ihr Ding zu machen.

So wie Emma, die in einem der Surfshops Klamotten verkauft. Sie ist vor sechs Jahren aus den Niederlanden zusammen mit ihrem Surfer-Freund hierhergezogen, um ihr Glück zu finden.

»Zuhause machst du, was alle von dir erwarten: arbeiten gehen, Haus kaufen, Kredit abzahlen, häuslich werden. Das ist immer dasselbe. Ich hatte keine Möglichkeit, mich zu verändern. In meinem Umkreis waren viele depressiv, auch schon in jungen Jahren, weil sie sich selbst nicht genug beachtet haben«, erzählt Emma, die am eigenen Leib erfahren hat, wie wichtig unser Umfeld für uns ist. Die fünf Menschen, mit denen wir die meiste Zeit verbringen, haben den stärksten Einfluss auf unser Leben.

»Im weltoffenen Raglan kann ich wirklich meine eigenen Bedürfnisse wahrnehmen und selbstbestimmt leben. Es gibt keinerlei Erwartungen. Das macht mich glücklich, deshalb bin ich hier. Alle Menschen ticken hier so«, verrät die 28-Jährige. Ihre alte Heimat vermisst die Niederländerin nicht, alle zwei Jahre fliegt sie nach Hause, wenn nicht gerade eine Pandemie dazwischenfunkt.

Was ihre Zukunft bringt, weiß sie heute noch nicht. Das wird sich zeigen. »Ich bin offen für alles, was kommt. Das gibt mir ein Gefühl von Freiheit. Ich will das tun, was mich im Augenblick glücklich macht. Momentan sind das Abenteuer und Abwechslung. Zu planen, wo ich in fünf Jahren bin, finde ich einfach nur langweilig«, sagt sie.

Ich bin fasziniert von unserem spontanen Gespräch und von diesem Ort, in dem Gemeinschaft großgeschrieben wird – sowohl füreinander als auch in Bezug auf Umweltbewusstsein. Es gibt sogar extra Events dafür: Der »Growers Market« bringt lokal angebaute Produkte und Menschen zusammen. Ein cooler, kleiner Markt, auf dem die Menschen aus der Gegend frische Lebensmittel anbieten und der gleichzeitig als Treffpunkt dient, Leute kennenzulernen, soziale Kontakte zu pflegen oder einfach gemeinsam abzuhängen.

Und bei einer regelmäßigen Tauschbörse kann jeder mitbringen, was er möchte, und gegen das eintauschen, was er gerade braucht – ohne Geld.

Ist das altbacken oder innovativ? Egal, ich bin ein Fan davon. Innovativ ist Raglan sowieso – Einwegplastiktüten, -besteck oder -geschirr sind hier Fehlanzeige. Abgeschafft, der Umwelt zuliebe.

Dieser Ort ist für mich ein Vorbild für wertschätzendes Zusammenleben. Er lässt mich nicht los, wir bleiben spontan länger als geplant. Raglan – eine Perle im Pazifik!

Glücksgeheimnis einer Neuseeländerin

Bailey ist eine bemerkenswerte Frau. Nach einer langen Leidensphase hat sie ihr Leben neu definiert und in Raglan endlich ihren Weg zurück zum Glück gefunden. Vor sieben Jahren zog sie aus Hamilton, einer Großstadt im Inland, hierher an die Westküste. Das starke Miteinander und die bunte Mischung der Menschen schenken ihr neue Geborgenheit. In Raglan darf sie sein, wer sie wirklich ist – auch mal nicht so gut drauf. Bei unserer Begegnung strahlt sie Wärme und Offenheit aus. Ihre Geschichte zeigt, wie viel Kraft in uns steckt und wie wichtig Veränderungen sein können.

Bailey ist 60 Jahre alt, lebt als Single und arbeitet in der Gästebetreuung. Vor einigen Jahren verändert ein tragischer Autounfall schlagartig ihr Leben. Ihr Mann sitzt am Steuer, als ihr Fahrzeug bei hoher Geschwindigkeit außer Kontrolle gerät, beide überleben. Doch der Anschnallgurt schnürt Bailey den Bauchraum ab, verursacht schwere innere Verletzungen und hinterlässt tiefe emotionale Wunden, die bis heute nicht vollständig verheilt sind. Jedes Mal, wenn Bailey sich in ein Auto setzt, kehren die Erinnerungen zurück.

Doch damit nicht genug: In den vergangenen Jahren kommen weitere schwere Schicksalsschläge hinzu – für sie die schwierigste Zeit ihres Lebens.

»Zwei meiner besten Freundinnen sind gestorben. Ich habe meinen Vater und vor einigen Monaten auch meine Mutter verloren. Und dann ging meine Ehe in die Brüche«, erzählt Bailey, die nach dem Autounfall mehrere Operationen und eine Odyssee an Arztbesuchen hinter sich hat. Einige Mediziner stempeln sie als hoffnungslosen Fall ab. Sie streicht sich ihre langen roten Haare aus dem Gesicht und kämpft mit den Tränen. Trotz dieser Schicksalsschläge verkörpert Bailey eine bewundernswerte Lebenskraft.

Bis vor wenigen Jahren führt sie ein völlig anderes Leben. Sie arbeitet als Kunstlehrerin jahrzehntelang an einer Schule in Hamilton. Obwohl ihr dieser Job finanzielle Sicherheit bringt, zerstört er mehr und mehr ihr Leben.

»Meine Arbeit als Kunstlehrerin entwickelte sich zu einer Katastrophe. Der Stress in der Schule war enorm, die Kinder zu unterrichten fiel mir schwer. Ich bin diesem Job ohnehin nur nachgegangen, weil ich den hohen Erwartungen meiner Eltern gerecht werden wollte. Es war von Anfang an nicht mein Ding und erst recht nicht mein Traumberuf. Je länger ich an der Schule arbeitete – und ich habe unermüdlich gearbeitet –, desto weiter entfernte ich mich von mir selbst und desto einsamer fühlte ich mich«, reflektiert Bailey ihre Vergangenheit. Es kam der Moment, an dem sie nicht mehr konnte und eine Entscheidung treffen musste: wahrhaftig zu leben oder weiter diesem Job nachzugehen und dabei völlig den Kontakt zu sich selbst zu verlieren.

Bailey entscheidet sich mit allen Konsequenzen für ein selbstbestimmtes Leben, was sie viel Mut und Kraft kostet. Sie kündigt den Job, trennt sich von ihrem Ehemann, verkauft ihr Haus und zieht alleine nach Raglan. Der Neuanfang ist schwer, ein Sprung ins Unbekannte. Doch er ist auch eine Reise zu sich selbst, zu einem Ort des Friedens und des Glücks.

Mit dem Umzug folgt sie ihrer Intuition: »Ich spürte plötzlich, es reicht mir nicht mehr, diesen faszinierenden Küstenort nur ab und an zu besuchen. Ich hatte einfach das starke Gefühl, hierherzugehören und in Raglan zu leben. Ich kann nicht sagen, warum, aber ich war fest davon überzeugt, dass es der richtige Schritt ist. Das hat sich dann auch bestätigt«, erzählt die Neuseeländerin. Und weiter: »Klassische Medizin hat bei mir nach dem Unfall nur bedingt geholfen. Hier habe ich neue Wege der Heilung gefunden: Neuro-Linguistisches Tanzen, NLP, und Havening. Das ist genau das Richtige für mich, um die Schmerzen, die Trauer und die Schwere der vergangenen Jahre zu verarbeiten und loszulassen. Es sind meine individuellen Heilmethoden. Wenn du deine Traumata und die damit verbundene Schwere loslassen kannst, sodass sie dich nicht mehr triggern, wird das Leben plötzlich leicht, du fühlst dich frei. Das bedeutet riesige Freude und Glück für mich.« Bailey strahlt über das ganze Gesicht vor Stolz und Selbstbewusstsein.

Dann erklärt sie genauer, wie ihre Heilmethoden funktionieren: »NLP steht für Neuro-Linguistisches Programmieren. Es geht darum, durch gezielte Übungen alte Denkmuster zu verändern und neue Erfahrungen hinzuzufügen. Das hilft mir unglaublich. Genauso wie Havening. Damit kannst du Angstzustände reduzieren, indem du deinen Körper auf bestimmte Weise berührst und bewegst und dadurch hilfst, dein Nervensystem zu beruhigen. Du regst dein Gehirn dazu an, neue Verknüpfungen herzustellen und belastende Erinnerungen weniger stark wirken zu lassen. Diese Methoden mögen nicht für jeden gleich wirksam sein, aber für mich sind sie ein Segen«, berichtet Bailey und sprüht jetzt geradezu vor Begeisterung. Für den nächsten Abend hat sie die Nachbarn der gesamten Straße zu einem »Potluck« eingeladen, einem Straßenfest, zu dem alle Gäste etwas zu Essen mitbringen. Damit will sie ihre neue Lebensfreude mit anderen Menschen teilen. Das macht sie selbst auch glücklich.

Ich kann das!

Es ist stockdunkel. Seit einer gefühlten Ewigkeit holpern wir mit dem Camper auf einem abgelegenen Schotterweg irgendwo in der Nähe der Bay of Plenty an der Ostküste der Nordinsel. Einsamkeit umgibt uns, die letzte Ortschaft liegt zehn Kilometer hinter uns. Wir winden uns auf einem unebenen Weg an Hügeln, Weiden und Dickicht vorbei. Unser Fahrzeug ist für solches Gelände nicht gerade geeignet. Kurz vor unserem Ziel nehmen wir einen falschen Abzweig. Es dauert nicht lange, bis uns klar wird, dass es hier nicht weitergeht. Wir sind gezwungen, den langen Camper auf dem engen, matschigen Schotterweg zu wenden. Der Boden ist aufgeweicht vom starken Regen der letzten Tage, das Wenden in der Dunkelheit eine Herausforderung. Aber nach einigen Hin-und-her-Manövern schaffen wir es. Endlich.

Wir sind ohnehin viel zu spät dran. Ursprünglich waren wir um 16:30 Uhr mit John verabredet, und jetzt ist es schon fast 18:00 Uhr. Es ist nicht meine Art, andere Menschen warten zu lassen. Doch auf der 230 Kilometer langen Strecke von Auckland war viel Verkehr – ein schnelles Vorankommen unmöglich. Die Sache ist, wie sie ist, also übe ich mich in Geduld.

Wir erreichen ein Tor. Daneben kann ich im Licht der Scheinwerfer einige Heuballen ausmachen, sonst nichts. Kein Haus, keine Farm, keinen Stall. Der Schotterweg zieht sich hinter dem Gatter den Berg hinauf. Ich gehe die letzten 200 Meter zu Fuß, um sicherzustellen, dass der Camper auf dem schlammigen Untergrund nicht stecken bleibt.

Hinter einer Kurve entdecke ich in der Dunkelheit ein Haus, die Tür steht offen. Von der überdachten Veranda hängen unzählige Klamotten von der Decke. Ich rufe laut »Hallo« und betrete vorsichtig den Innenraum. Er ist vollgestopft mit buntem Allerlei: Bett, Tisch, Fernseher, Regale voller Bücher, Holz und andere Dinge. John hatte mich am Telefon gewarnt, er sei chaotisch. Äußerlichkeiten scheinen für ihn keine Bedeutung zu haben. Mich stört das nicht. Im Gegenteil. Ich bin nun wirklich gespannt auf ihn, denn ich kenne John noch nicht persönlich.

Er ist ein Bekannter von Aneti aus Tonga. Sie hat den Kontakt hergestellt und uns ans Herz gelegt, ihn zu besuchen, besonders da ich Tiere liebe. Gesagt, getan.

»Bist du Julia?« Ein kräftiger Mann tritt aus der hinteren Ecke des Raumes. John. »Wie geht's dir? Habt ihr schon etwas gegessen? Ich verhungere! Wollen wir gemeinsam essen gehen?« Ich entschuldige mich für die Verspätung, sie ist nicht gerade typisch deutsch. John hatte auf uns gewartet, und offensichtlich auch aufs Essen. Das ist mir wirklich unangenehm. Ich nicke und nehme seinen Vorschlag an.

Schnell laufe ich zurück zu Kay, der im Wagen wartet. Wir beschließen spontan, die Nacht im Camper auf Johns Hof zu verbringen. So können wir in Ruhe essen gehen und am nächsten Tag bei Tageslicht die Tiere und seine Farm erkunden. Also lenken wir die sperrige Kiste nun doch den holprigen Weg hinauf bis zum Hof. Mühelos, keine Spur von Steckenbleiben – eine Sorge weniger.

Mit Johns Geländewagen legen wir die 15 Kilometer über den unbefestigten Boden bis in den nächsten Ort deutlich sportlicher zurück als mit dem Wohnmobil. Unser Ziel: ein indisches Restaurant. Es verspricht ein netter Abend zu werden. Ein sehr netter Abend!

John ist mir auf Anhieb sympathisch, ein offener und interessanter Typ mit einer humorvollen Art. Er hat eine Menge erlebt, ich kann kaum glauben, was er in seinen über 70 Jahren auf die Beine gestellt hat. Gebannt lausche ich seinen Worten: »Ich bin in einfachen Verhältnissen aufgewachsen. Meine Familie hatte nicht viel, als ich ein Kind war. Meine Mutter musste sich oft abmühen und sehen, dass wir genug zu essen auf dem Teller hatten. Eines Tages hatte ich genug davon und gab mir selbst ein Versprechen: Ich werde viel Geld verdienen.«

Dieses Ziel hat John offensichtlich erreicht. Ohne Studium bringt er sich viel selbst im Leben bei. Anfangs in einer Firma, später zieht er sein eigenes Unternehmen hoch: Er baut Häuser auf der ganzen Welt. 30 Jahre seines Lebens verbringt er in zahlreichen Ländern der Erde, darunter der Irak, Liberia, Indien, Tonga und Botswana. Er arbeitet hart, verbringt aber auch viel Zeit in der Natur – er surft, taucht, segelt.

Ich bin ehrlich beeindruckt. »Wie hast du das alles geschafft?«

John blickt mir ernst in die Augen. »Ich hatte mir als Kind versprochen, Geld zu verdienen, um meiner Familie zu helfen. Und ich hatte einen besonderen Satz, der mir dabei geholfen hat, jedes Hindernis zu überwinden und jede Tür zu öffnen. Ich habe ihn wie ein Mantra wiederholt, immer wieder, besonders, wenn es schwierig wurde. Es sind nur drei Worte. Einfache Worte, aber sie sind wegweisend für mein Leben.« John hält einen Moment inne. Ich könnte platzen vor Spannung.

»Verrätst du sie mir?«, frage ich ihn.

»Klar.« Er nickt. *»Ich kann das.«*

»Ich kann das?«, wiederhole ich fasziniert und werde mir der Tragweite dieser Worte bewusst. John hat mit diesem Motto sein Leben verändert, es selbst in die Hand genommen, an seine Fähigkeiten geglaubt und sich immer wieder bewiesen, dass er recht hat. Je öfter er das getan und damit seine Ziele erreicht hat, umso mehr traute er sich zu und umso tiefer wuchs sein Selbstvertrauen. Es gelingt ihm, sich mit diesen Worten aus seinen ärmlichen Verhältnissen zu befreien. Er findet sich 30 Jahre lang überall auf der Welt damit zurecht und schafft es sogar, zwei schwere Autounfälle und einen Bombenangriff zu überleben.

Nachdem er in mehreren Krisengebieten auch noch unter Beschuss gerät, beschließt er, sich seinen Kindheitstraum zu erfüllen: Mit fünfzig kehrt er nach Neuseeland zurück und übernimmt eine Farm. Er baut sie aus und schafft für eine beeindruckende Vielfalt an Tieren ein Zuhause. Ohne Vorkenntnisse. Die Worte »Ich kann das« machen es möglich.

Das Ausmaß seiner Farm erlebe ich am nächsten Morgen bei Tageslicht. Auf 100 Hektar erstreckt sie sich über grüne Hügel. Ich komme mir vor wie im Paradies, endlich habe ich wieder Tiere um mich: Pferde, Ziegen, Schweine, Hirsche, Hunde, Enten, Pfauen und viele mehr. Sie alle leben friedlich und frei miteinander, in weitläufigen Gehegen und auf riesigen Weiden. Keine engen Verschläge, keine tierunfreundlichen Bedingungen, ausschließlich artgerechte Haltung. Das passt zu John! Er kümmert sich mit einigen Helfern sorgfältig um seine Schützlinge, obwohl er gesundheitliche Probleme hat. »Die Tiere halten mich am Leben«, verrät er.

Es dauert nicht lange und schon bin ich mittendrin in seinem Farmleben. Ich helfe beim Füttern. Zuerst die Schweine – die stattliche Sau Prickels lässt mich mit dem Futtereimer nur mühsam ins Gehege, so sehr drängelt sie gegen das Eingangstor. Doch die Worte »Ich kann das« werden hier ad hoc auch für mich zum Türöffner. Als ich einem Lämmchen die Flasche geben darf, ist es einfach nur berührend, das Tier im Arm zu halten und dabei zuzuschauen, wie es trinkt.

Kaum ist die Flasche leer, fährt John mit uns auf einem landwirtschaftlichen Quad über riesige Weiden den Hang hinauf. An einem Hirschgehege stoppt er und füttert die Tiere mit Brot und anderen übriggebliebenen Lebensmitteln, die er vor dem Verderben von Restaurants gerettet hat.

Schon geht die Fahrt weiter über eine Weide mit Rindern, vorbei an einem idyllischen Teich, in dem ein paar Enten friedlich ihre Runden drehen. Johns Oase der Ruhe. Mehrere Hunde laufen neben dem Fahrzeug her, zwei sitzen lässig mit uns auf der Fahrerbank.

Plötzlich sprintet einer von ihnen einem Schaf hinterher. John springt bei laufendem Motor vom Fahrersitz und ruft uns zu, alleine bis zur hintersten Weide weiterzufahren und die beiden Pferde dort mit in den Stall zu bringen.

Kay rutscht ans Steuer, ohne jemals so ein landwirtschaftliches Fahrzeug gefahren zu haben. Das ist auch nicht nötig, die Handhabung erklärt sich von selbst. Er kann das.

Über holpriges Gelände schaukeln wir bis zur hinteren Weide. Dort schnappe ich mir ein Halfter von der Ladefläche und lege es einem gescheckten Wallach an, den ich am

Ende der Koppel entdecke. Er folgt mir vertrauensvoll. Ein Pony gesellt sich einfach so dazu. Echt cool. Die Tiere strahlen die gleiche Ruhe aus wie ihr Besitzer.

»Willst du einen Ausritt machen? Die Gegend ist fantastisch«, fragt John, als ich mit den beiden Pferden am Stall ankomme. »Nimm dir Kah und genieß die Natur.« Über seine Offenheit und sein aufrichtiges Angebot freue ich mich sehr und nehme dankend an.

Obwohl er die Worte nicht ausspricht, erreichen sie mich doch: »Du kannst das!« Offenbar verwendet John sein Mantra nicht nur für sich, sondern auch für andere.

Den Wallach Kah kenne ich ebenso wenig wie die Umgebung, aber das stört mich nicht im Geringsten. Es genügt, dass John mir sein Pferd anvertraut und Kah seine Umgebung kennt. Ich vertraue dem Tier und mir selbst. Das lohnt sich immer.

Endlich sitze ich wieder auf einem Pferd. Ich genieße es in vollen Zügen. Diese Nähe zu Tieren vermisse ich auf meiner Weltreise. Besonders zu meiner Stute Queenie, auch wenn ich jeden einzelnen Tag an sie denke. »Was sie zuhause wohl macht? Ob sie mich auch vermisst?«, überlege ich, während Kah mich sicher durch die wunderschöne Landschaft trägt. Zuverlässig und trittsicher schaukelt er mich durch den Wald und über Lichtungen, vorbei an Weiden und Hügeln. Ich bin im Einklang mit dem Pferd, der Natur und mir selbst. Im Rhythmus des Pferdes durch Neuseeland zu reiten ist ein einmaliges Glücksgefühl.

Der Besuch auf Johns Farm entpuppt sich für mich als eines der Highlights meiner Weltreise. Einerseits, weil ich hier endlich wieder Tiere hautnah erlebe. Andererseits, weil ich John mag. Seine Art, mit Menschen und Tieren umzugehen, ist so außergewöhnlich wie seine Farm. Für ihn zählen Äußerlichkeiten nicht, sondern Werte wie Vertrauen, Offenheit und Freundschaft. Er hat ein großes Herz für Tiere und Menschen, selbst Fremden wie uns gegenüber. Er behandelt uns wie alte Freunde und bezieht uns ohne zu zögern ins Farmleben ein, als ob wir seit Jahren dazugehören würden. Seine Art imponiert mir, er ist ein Vorbild für mich, das mich inspiriert. Ich werde ihn in Gedanken mit nach Hause nehmen und sein Motto »Ich kann das« auch zu meinem machen!

Zu dritt auf die Südinsel

Wir tauschen unseren »Kartoffelsackcamper« gegen ein etwas größeres und moderneres Wohnmobil, bekommen sogar ein Upgrade! In diesem nunmehr fast sieben Meter langen Fahrzeug fühlt es sich an, als würden wir in einem Tanzsaal reisen. Es hat einen separaten Tisch mit kleiner Sitzbank, wodurch das tägliche Auf- und Abbauen unseres Bettes der Vergangenheit angehört.

Aber das Beste daran: Es bietet Platz für drei Personen! Unser Sohn hat im Juli sein Schulhalbjahr in Neuseeland beendet, für die letzten Wochen unserer Weltreise sind wir zu dritt unterwegs. Rückblickend unfassbar, wie schnell die sechs Monate vergangen sind.

Nach der langen Trennung ist es unbeschreiblich schön, gemeinsam Zeit zu verbringen. Wir freuen uns alle darauf, als Familie die Südinsel zu entdecken.

Allein die dreistündige Überfahrt mit der Fähre von der Nord- zur Südinsel ist ein Abenteuer. Zwei Tage vorher erreicht mich eine E-Mail von der Fährlinie, mit der Ankündigung, dass das Wetter voraussichtlich schlecht und die See stürmisch wird. Wir sollten uns auf Seekrankheit einstellen oder darauf, dass die Fahrt abgesagt werden könnte.

Eine Meerenge, die Cookstraße, trennt die Nordinsel Neuseelands von der Südinsel. Sie liegt in den Roaring Forties, einer Zone zwischen dem 40. und 50. Grad südlicher Breite. Hier erreichen Winde oft Sturmstärke und erzeugen unbeständiges Wetter mit hohem Seegang, insbesondere im

Winter. Ich bin in Habachtstellung, sehe mir Videos über eine extrem chaotische Fährüberfahrt über diese Passage an, bei der unzählige Autos im Rumpf des Schiffes ineinandergerutscht sind – nicht besonders ermutigend.

Am Tag der Überfahrt stelle ich mich vorsichtshalber auf Übelkeit und »Fischefüttern« ein. Morgens esse ich kaum etwas und sichere im Wohnmobil alles doppelt und dreifach, damit nichts zu Bruch geht.

Und was passiert dann während der Fahrt?

Nichts!

Als wir mit dem Camper auf die Fähre fahren, strahlt die Sonne vom Himmel und die Seebedingungen sind »moderat«.

Es gibt zwar etwas Wind und das Schiff schaukelt gelegentlich über höhere Wellen, aber nicht übermäßig stark – von Übelkeit keine Spur. Höchstens meine Frisur wirkt ein wenig stürmisch.

Wir kommen sicher und ohne Probleme in der Stadt Picton im Norden der Südinsel an. Dort ertappe ich mich selbst: Es waren lediglich meine Gedanken, die mich in Alarmbereitschaft versetzt haben, weswegen ich alles dreifach gesichert habe und die Überfahrt mit fast leerem Magen angetreten bin. Interessant, was unsere Gedanken bewirken können – in negativer wie in positiver Hinsicht.

Die Südinsel offenbart sich ursprünglicher und weniger besiedelt als ihre nördliche Schwester. Die Temperaturen werden, je weiter wir nach Süden fahren, kühler und die Natur ist wilder. Mein Lieblingsort ist der majestätische Tasman-Gletscher, mit 27 Kilometern Länge der größte Gletscher des Landes, im Herzen der Südalpen im Mount Cook Nationalpark. Ein Wunder der Natur, mitten in der Berglandschaft. In seinem grün-blau schimmernden See schwimmen gewaltige Eisschollen.

Weiter südlich erreichen wir den Milford Sound. Es regnet in Strömen und tiefhängende Wolken erschweren die

Sicht – Regen gehört im neuseeländischen Winter eben einfach dazu.

Doch wir haben Glück: Während wir mit dem Boot auf dem berühmten Fjord unterwegs sind, verziehen sich die Wolken, und der Blick wird frei auf steile Felswände mit eindrucksvollen Wasserfällen, umringt von Regenwäldern und einem grandiosen Bergpanorama. Als dann auch noch Delfine auf unser Boot zuschwimmen und wir sogar einen Seelöwen und eine seltene Pinguinart sehen, verstehe ich, weshalb der Milford Sound als einer der schönsten Fjorde der Welt gilt.

Matariki – Neujahr im Juli

»Als der Vater des Himmels, Ranginui, und die Mutter der Erde, Papatūānuku, von ihren sieben Kindern getrennt wurden, war eines, der Gott der Winde, darüber so wütend, dass es sich die Augen herausriss und ins weite Weltall schleuderte.« So lautet eine uralte Legende der Maori.

Diese »Augen Gottes«, in ihrer Sprache »Matariki«, erscheinen zwischen Ende Mai und Anfang Juli am Himmel der Südhalbkugel: als Sternengruppe der Plejaden.

Für die Maori bedeutet es das Ende eines Jahres und den Beginn eines neuen: Es ist ihr Neujahr – mitten im Juli, im neuseeländischen Winter! Das hängt also mit den Sternen zusammen.

Einst waren die Sterne für sie auch Anhaltspunkte für Wachstum und Pflanzzeiten. Je klarer und heller sie leuchteten, umso üppiger wurde die Saison, so ihr Glaube.

Ich sauge ihre Legenden und Traditionen auf wie ein Schwamm. Sie sind so neu und anders als alles, was ich zuhause über das Leben gelernt habe. Es ist einfach unglaublich schön, an den Erfahrungen dieser wildfremden Menschen teilzuhaben.

Die Plejaden kann ich wegen dicker Regenwolken zwar nicht am Himmel sehen. Trotzdem bekomme ich einen Einblick in die Neujahrszeremonien der Maori, die sie im ganzen Land zwischen Juni und Juli über mehrere Wochen organisieren.

Das war in den 1940er Jahren anders: Damals kannten selbst viele Neuseeländer die Bedeutung von Matariki nicht und sogar unter den Maori, die etwa 16 Prozent der Gesamtbevölkerung ausmachen, war dieser Brauch in Vergessenheit geraten.

Doch das hat sich in letzter Zeit geändert. Seit dem Jahr 2022 ist Matariki sogar als offizieller Feiertag anerkannt. Überall im Land ist irgendetwas los: Rituale, Tanz- und Lichtfestivals, Feuerwerke und Ausstellungen. Menschen aus ganz Aotearoa, so der Maori-Name für Neuseeland, treffen sich – ohne Verpflichtung, einfach, weil sie es wollen. Sie fühlen sich verbunden: Sie essen zusammen, machen Musik und erzählen sich Geschichten oder teilen ihre Hoffnungen. Es geht um das Zusammensein, wie einst am Lagerfeuer, als die Menschen noch Zeit füreinander hatten.

Viele von ihnen suchen kurz vor der Morgendämmerung spirituelle Orte in der Natur auf. Dort gedenken sie der Verstorbenen des vergangenen Jahres und lassen deren Geister frei. Der Zyklus von Leben und Tod bedeutet ihnen viel: Sie zünden rituelle Feuer für den Abschied an und dafür, das Leben zu zelebrieren. Sie überwinden ihre Trauer und schöpfen neue Energie. Es geht um die Wertschätzung des Lebens und seine Vergänglichkeit.

An Matariki erinnern sich die Maori an die Vergangenheit und die Verdienste ihrer Vorfahren, die die Grundlage für das heutige Leben geschaffen haben. Gleichzeitig feiern sie damit auch die Gegenwart und danken für das, was sie im Augenblick haben. Und sie blicken mit Vorfreude in die Zukunft. Es ist eine Zeit, in der sie sich persönliche Wünsche für das neue Jahr bewusst machen – für sich selbst, ihre Familien, ihre Gemeinschaft. Eine reflektierende, positive Zeit tiefer Dankbarkeit für das Leben und die Möglichkeit, der Mensch zu werden, der sie sein wollen – und in einer Welt zu leben, die sie sich wünschen. Eine heilsame Tradition mit tiefer Bedeutung.

In die Lebensweisen und alten Bräuche dieser fernen Maori-Kultur einzutauchen, empfinde ich als Geschenk. Ihre Werte wie Gemeinschaft, Austausch und Wertschätzung des Lebens bewirken ein Zusammenrücken in Zeiten, in denen an anderen Orten auf der Welt Krieg und Zerstörung herrschen. Es geht um Miteinander statt Gegeneinander.

Matariki – alles Gute für das neue Jahr!

Seelöwen statt Schweinehund

Regentropfen prasseln lautstark auf das Dach unseres Campers. Es wird gerade hell, kurz vor 8:00 Uhr an diesem Sonntagmorgen. Ich liege im Bett, die Decke bis zur Nasenspitze hochgezogen, und es fühlt sich gemütlich an. Draußen sind es 5 Grad Celsius.

Soll ich wirklich da rausgehen oder doch lieber unter der warmen Decke bleiben? Das wäre so viel einfacher, angenehmer ...

Nein, kommt nicht in Frage! Ich beobachte meinen inneren Schweinehund, wie er mir zuflüstert, in meiner Komfortzone, hier im Bett, zu bleiben. Doch von ihm lasse ich mich nicht aufhalten. Diese Entscheidung habe ich schon vor langer Zeit getroffen. Was hätte ich schon alles verpasst, wenn ich auf ihn gehört hätte!

Ich schlage die Decke zurück und springe mit einem Satz aus dem Bett. Rein in die Joggingklamotten und raus in den Starkregen.

Ich laufe los, wie zuhause fast jeden Morgen. Das ist mein Start in den Tag, dann bin ich vital und voller Energie. Körperlich wie geistig fühle ich mich dadurch gestärkt und ausgeglichen. Und wenn ich mal nicht so gut drauf bin, ist Bewegung ein starker Hebel, meine Emotionen zu verändern. Psychologische Studien belegen längst, dass Sport, vor allem in der Natur, Endorphine, also Glückshormone, freisetzt. Es hat positive Auswirkungen auf unsere Stimmung und unser emotionales Wohlbefinden.

Auch auf unserer Weltreise sorge ich regelmäßig für Bewegung. Es findet sich immer eine Möglichkeit, selbst wenn es Fitness- und Dehnübungen im engen Camper sind. Das bringt mich in meine Balance und bereitet mir schlichtweg Freude. Wenn ich morgens mal keinen Sport mache, fehlt mir etwas.

Wir sind in Kaikoura, einem kleinen Ort an der Ostküste der Südinsel. Der Wind pfeift mir um die Ohren und der Regen peitscht unsanft in mein Gesicht. Ich ziehe die Baseballkappe noch etwas tiefer runter und setzte einen Fuß vor den anderen. Das funktioniert immer. Egal ob die Sonne scheint, es regnet oder schneit.

»Wenn es regnet, freue ich mich, denn wenn ich mich nicht freue, regnet es auch«, schießt es mir durch den Kopf. Dieser Satz gefällt mir. Er stammt vom deutschen Kabarettisten Karl Valentin.

Einige Wege sind vom starken Regen der letzten Tage aufgeweicht, Pfützen überschwemmen den Trampelpfad. »Quitsch, quatsch« – ich lausche den lustigen Geräuschen meiner Schuhe auf dem nassen Untergrund und durchquere knöcheltiefe Wasserstellen. Es führt kein Weg daran vorbei. Die Strecke ist trotzdem schön. Je weiter ich laufe, desto mehr fällt mir das auf.

Ich folge einem Pfad direkt am Meer entlang und erklimme eine Anhöhe. Hier oben ist die Aussicht trotz des Wetters grandios.

Die Brandung prallt unter meinen Füßen mit starker Wucht gegen die Klippen im Meer, die Gischt spritzt so hoch hinauf, dass sie mich fast erreicht.

Unten entdecke ich an der steinigen Küste eine Seelöwenkolonie. Es müssen hunderte Tiere sein. Ich kann mich nicht stattsehen und bin hin- und hergerissen, was mich mehr fasziniert: die Tiere oder die tosende Brandung.

Ein kleiner Vogel mit gelbem Kopf, dessen Namen ich nicht kenne, ermuntert mich mit fröhlichen Tönen, weiterzulaufen. Die Bewegung tut gut und der Wind bläst meinen Kopf frei.

Als ich zurück zum Strand jogge, sitzen zwei Seelöwen mitten auf dem Weg. Einige ihrer Artgenossen hängen auf den Felsen ein Stück weiter hinten ab. Die Tiere schauen mich mit ihren großen, dunklen Augen eindringlich an. Einer klatscht seine Flossen aufeinander, als wollte er mich mit einem Applaus anspornen. Doch ich unterbreche meinen Lauf, nehme mir Zeit, die Tiere zu beobachten.

Kaikoura ist bekannt für seine vielen Meerestiere: Wer Glück hat, kann hier Delfine, Wale, Seelöwen und Albatrosse sehen. Die geografische Lage und die Strömung des Pazifiks sorgen für ausreichend Nahrung vom Meeresboden und bieten ihnen ideale Bedingungen.

Ich stehe Auge in Auge mit den Seelöwen und freue mich über ihre Gesellschaft. Ich frage sie, ob ich Fotos von ihnen machen darf. Einer von ihnen nickt. Ein anderer scheint sich extra in Pose zu setzen. Und wieder einer gähnt und dreht sich um.

Das hätte ich jetzt auch tun können, wenn ich im Bett geblieben wäre. Da wäre es definitiv wärmer und trockener gewesen, doch dann hätte ich dieses herrlich erfrischende Abenteuer verpasst. Ich bin froh, dass ich joggen gegangen bin.

Ich schaue auf die Uhr, es ist schon später als gedacht. Dass es immer noch in Strömen regnet und meine Joggingklamotten inzwischen durchweicht sind, merke ich nicht. Zu sehr bin ich gefesselt und begeistert von meinen neuen, lustigen Freunden am Strand.

Ist es nicht erstaunlich, wie wir die Bedeutung von Dingen und mit ihr auch unsere Emotionen verändern können, wenn wir unseren Fokus von einer Sache auf eine andere lenken? Von einem Widerstand auf etwas, das uns begeistert? Das, was wir nicht mehr beachten, tritt in den Hintergrund und verschwindet sogar aus dem Wahrnehmungsbereich.

Worauf wir unsere Gedanken richten, unsere Fokussierung, bestimmt unsere Erlebnisse. Und was wir wahrnehmen, bestimmt unser Verhalten. Das funktioniert bei schönen wie bei unangenehmen Dingen.

Gut, dass ich auf meine Intuition und nicht auf meinen Schweinehund gehört habe!

Nicht nur bei meiner Begegnung mit den Seelöwen vergeht die Zeit viel schneller, als ich dachte, sondern auch während unserer Reise um die Welt.

Langsam geht sie dem Ende entgegen. Es bleiben nur noch wenige Tage, um mit der Fähre auf die Nordinsel überzusetzen und die lange Strecke mit dem Camper bis nach Auckland zurückzufahren. Von dort geht es über einen Zwischenstopp in Singapur weiter westwärts nach Deutschland.

Wenn ich an das Ende unserer Weltreise denke, tauchen gemischte Gefühle auf: Einerseits Wehmut, aber ich freue mich auch darauf, Menschen und Tiere wiederzusehen, von denen ich mich vor sechs Monaten verabschiedet habe.

SINGAPUR

Sicherheit versus Selbstbestimmtheit

Es gibt eine gute und eine schlechte Nachricht – die schlechte zuerst: Es geht um Leben und Tod, die Todesstrafe, die in Singapur immer noch praktiziert wird. Zeitgleich mit unserer Ankunft wird eine Frau hingerichtet, erhängt, wegen Drogenbesitzes. Sie war 45 Jahre jung. Menschenrechtler hatten die Behörden bis zuletzt gebeten, die Verurteilte zu begnadigen, vergeblich. Mich beschäftigt diese Nachricht. Was ist hier ein Menschenleben wert?

Willkommen in Singapur! Wir haben Neuseeland verlassen und sind elf Stunden weiter gen Westen geflogen. Vom neuseeländischen Winter in die tropische Hitze dieser Finanzmetropole. Ein Ortswechsel, der mich ins Schwitzen bringt, nicht nur wegen der heißen Temperaturen.

Singapur, tief im Süden Malaysias, ist in vielerlei Hinsicht extrem – auch was seine Regeln und Verbote betrifft, insbesondere bei Drogendelikten. Aber auch andere Vergehen, die nach europäischem Recht als geringfügig gelten, können zu drakonischen Geld- und Gefängnisstrafen oder zu körperlichen Sanktionen führen.

Kaugummi auf den Boden spucken ist verboten, selbst das Kauen von Kaugummi solltest du hier lieber lassen. Handgreiflich werden sowieso.

Als wir durch die Stadt laufen, fallen mir überall Schilder mit allen möglichen Verboten auf. Eines zeigt sogar an, dass es nicht gestattet ist, sich auf die Treppe zu setzen. Polizei sehe ich in der Öffentlichkeit dagegen gar nicht, dafür unzählige Kameras.

Ich fühle mich beobachtet, eingeschränkt – aber auch absolut sicher. Und das ist die gute Nachricht. Die strengen Regeln dienen der allgemeinen Sicherheit und Ordnung. Singapur gehört zu den sichersten Orten der Welt. Es ist geradezu berühmt für seine Sicherheit und Sauberkeit. Alles hat seine strukturierte Ordnung.

Der Inselstaat ist nicht viel größer als Hamburg. Mit seinen gut 60 Inseln zählt er zu den kleinsten und reichsten Ländern unseres Planeten. Die Hauptstadt ist dicht besiedelt, eine Stadt der Kontraste: Alte Tempel und Moscheen neben modernen Wolkenkratzern bieten 5,5 Millionen Einwohnern Raum – mehr als in Neuseeland. Chinesen, Inder und Malaien leben hier harmonisch zusammen. Mir begegnen sie freundlich. Ob das an der strengen Gesetzgebung und Überwachung liegt? Ich glaube eher nicht.

Der Baustil ist ein Balanceakt, ebenso waghalsig wie futuristisch. Das Wahrzeichen der Stadt, das Hotel Marina Bay Sands, erinnert mich an ein gigantisches Schiff auf den Dächern von drei Hochhäusern. Die Aussicht von oben ist sensationell: zuerst der Sonnenuntergang über den Wolkenkratzern und danach das Lichtermeer der Stadt. Unten leuchten die Gardens by the Bay, ein Naturpark mit 50 Meter hohen, künstlichen Riesenbäumen, Supertrees, die nachts kunstvoll in Szene gesetzt werden.

Aber auch echte Pflanzen wachsen überall. Ich bin froh darüber, denn ich brauche die Natur, die Parks und Gärten sind für mich Oasen der Ruhe zwischen dem ganzen Getümmel.

Als wir abends in einem der unzähligen Restaurants verschiedener Kulturen sitzen, die Singapur den Beinamen »Essenshauptstadt der Welt« verleihen, schaue ich mich um und blicke in eine der Kameras. Ob ich mir nach dem Essen heimlich einen Kaugummi in den Mund schieben soll?

Die Versuchung ist groß, aber ich halte mich zurück, bis wir wieder im Hotel sind. An den letzten Tagen meiner Weltreise möchte ich keine Geld- oder Gefängnisstrafe riskieren.

Erst im Zimmer genehmige ich mir einen Kaugummi. Dabei drängt sich mir eine Frage auf: Was ist wichtiger – Sicherheit oder Selbstbestimmtheit, Kontrolle oder Freiheit?

6. Aus der Traum!

Wehmütig sitze ich im Flugzeug, das die Lücke zu unserer Erdumrundung schließt. Ich denke an die vergangenen sechs Monate, an einzigartige Begegnungen, faszinierende Natur, extreme Herausforderungen und unvergessliche Glücksmomente.

»Nach einem halben Jahr unterwegs in völliger Freiheit wird es eine Umstellung, in das alltägliche Leben zuhause zurückzufinden«, überlege ich, während das Flugzeug über den Wolken nach Deutschland schwebt.

Doch mir ist auch bewusst, wie einzigartig diese Weltreise war, voller intensiver Erlebnisse, die mein Leben bereichern. Ein Traum, der nicht einfach »aus«, sondern Realität geworden ist. Erfülltes, gelebtes Leben. Mit dieser Erkenntnis lasse ich mich auf das Ankommen ein.

Zuhause kann ich es zuerst gar nicht richtig begreifen: weder, dass wir tatsächlich sechs Monate lang unseren Planeten umrundet haben, noch, dass wir zurück in unseren gewohnten vier Wänden sind – heimgekehrt. Das ist ungewohnt und gleichzeitig vertraut. Irgendwie wie immer. Nur der Wandkalender, der im August noch den Februar anzeigt, weist darauf hin, dass wir eine Weile fort waren. Ansonsten kommt es mir vor, als wäre ich nie weg gewesen.

Obwohl ich einiges anders wahrnehme als vorher: Unser

Zuhause wirkt im Vergleich zum engen Camper auf einmal riesig. Wir verfügen über unbegrenzt fließendes Wasser. Ich brauche nur am Hebel in der Dusche zu ziehen und kann duschen, wann und solange ich möchte. Und das Wasser ist sogar warm! Wie verrückt ist das denn?

Eine Spülmaschine haben wir auch. Und im Kleiderschrank finde ich eine Auswahl an Klamotten, mehr als die drei langen Hosen und drei Pullover, die während meiner monatelangen Reise in meiner Tasche Platz hatten. All diese Annehmlichkeiten hatte ich unterwegs ein halbes Jahr nicht – und habe sie auch nicht vermisst.

Was mir wirklich gefehlt hat, spüre ich beim Wiedersehen umso mehr: Menschen und Tiere, dir mir am Herzen liegen. Meine Eltern und Freunde wieder in die Arme zu schließen, löst ein unglaubliches Glücksgefühl in mir aus. Als meine Stute Queenie freudig wiehernd aus ihrer Herde zu mir läuft, nachdem sie mich sieht, bin ich zu Tränen gerührt. Sie alle machen mir das Ankommen leicht.

Auch in diesen kostbaren Momenten zuhause offenbart mir unsere Weltreise, was wirkliches Glück bedeutet. Tiefe Verbindungen zu Menschen und Tieren ebenso wie die Freiheit, mein Leben selbstbewusst nach meinen Bedürfnissen zu führen.

Wir alle haben in jeder Situation viele Möglichkeiten, unseren eigenen Weg zu gestalten und aus einer unbegrenzten Fülle an Gedanken auszuwählen. Weshalb entscheiden wir uns nicht für die guten, die uns ein Lächeln ins Gesicht zaubern und uns zu unseren Träumen bringen?

Ein erster Schritt dahin ist die Entscheidung, uns bewusst von Liebe und Vertrauen leiten zu lassen statt von unseren Ängsten und Sorgen. Letztlich gehen all unsere Gedanken und Handlungen auf einen dieser beiden Pole zurück: Angst oder Liebe.

Das erinnert mich an eine alte Weisheit von zwei Wölfen:

Ein alter Cherokee sprach einst zu seinem Enkel:

»Mein Sohn, in jedem von uns tobt ein Kampf
zwischen zwei Wölfen.
Der eine Wolf ist böse – er ist Wut, Neid,
Eifersucht, Kummer, Bedauern, Gier,
Arroganz, Selbstmitleid, Schuldgefühle,
Vorurteile, Minderwertigkeitsgefühle, Lügen,
falscher Stolz, Überheblichkeit und Ego.
Der andere Wolf ist gut – er ist Freude, Liebe,
Hoffnung, Gelassenheit, Bescheidenheit,
Freundlichkeit, Wohlwollen, Mitgefühl,
Wahrheit und Glaube.«
Der Enkel überlegt einen Moment und fragt
seinen Großvater:
»Welcher Wolf gewinnt?«
Der alte Cherokee antwortet:
»Der, den du fütterst.«

Wir haben zu jeder Zeit die Möglichkeit, Verbindung zur Liebe in uns und zu unserem Urvertrauen aufzunehmen. Wir tragen sie unser Leben lang in uns, auch wenn wir manchmal den Kontakt dorthin verlieren. Es liegt an uns, wofür wir uns entscheiden. An unserer Einstellung und unserer Ausrichtung, wie wir sein und was wir in die Welt einbringen möchten.

Für mich ist Selbst.bewusst.sein, resultierend aus meinen Werten, der Kompass für meinen Weg, es gibt mir innere Sicherheit. Damit bin ich in mir selbst zuhause, egal an welchem Ort und in welcher Situation auf der Welt. Es vermittelt mir das Gefühl, dass ich mich immer und überall auf mich verlassen kann. Während unserer Weltreise habe ich nicht nur selbst.bewusst Ländergrenzen überschritten, sondern auch meine eigenen. Je weiter ich gereist bin, jedes neue Land, jede Begegnung war ein Schritt näher zu mir. Das hat mein Vertrauen in mich gestärkt.

Ich habe alte Ansichten und eingefahrene Routinen hinterfragt und bin meinem Herzen raus aus dem ZDF bis ans andere Ende der Welt gefolgt – mit allen Höhen und Tiefen. Was es mir gebracht hat? Einen schier unglaublichen Reichtum: an Menschen, Orten, Erfahrungen, Entscheidungen, Wachstum und Vertrauen.

Für all das bin ich dankbar, sehr dankbar. Dankbarkeit ist ein wesentlicher Baustein für Glück. Wenn wir erkennen und wertschätzen, welchen Reichtum wir stets in unserem Leben haben – und sei es »nur« eine Kochbanane oder ein Topf voller Wasser –, lenken wir unsere Gedanken, Gefühle und unser Leben in eine positive Richtung. Wir kommen raus aus dem Mangel, hinein in einen Zustand der Fülle.

Permanent glücklich zu sein ist unrealistisch. Zu jedem Leben gehören auch leidvolle und schwierige Phasen dazu, in denen wir Angst, Traurigkeit oder Wut empfinden und weit entfernt von Glücksgefühlen sind. Durch meine berufliche Neuorientierung und auf meiner Reise um die Welt bis zu mir selbst habe ich jedoch erfahren, wie wir trotzdem grundsätzlich glücklich und zufrieden leben können: Indem wir uns klarmachen, dass wir Herausforderungen meistern können und uns nicht darin verlieren; indem wir trotz äußerer Turbulenzen Frieden in uns selbst finden können; und indem wir wahrnehmen und tun, was uns Freude bringt.

Glück liegt nicht per se an fernen Orten – auf einer Trauminsel in der Südsee, einem Vulkan in Costa Rica oder am anderen Ende der Welt in Neuseeland. Ebenso wenig herrscht zuhause nur trostloser Alltag mit Sorgen im Job und in der Familie, ohne Freizeit und Freiheit.

Glück ist nicht abhängig von Raum und Zeit, von Entfernung und Orten, sondern eine Frage der inneren Einstellung. Es liegt nicht hinter dem Horizont, vielmehr erweitert es unseren Horizont, wenn wir danach suchen. Wir können es immer und überall finden, sowohl in der Ferne als auch in der Nähe – und vor allem in uns selbst. Denn Glück beginnt in uns, wie alles in uns selbst beginnt. Alle Lösungen und Antworten des Lebens liegen in uns.

»DAS GLÜCK DEINES LEBENS HÄNGT VON DER BESCHAFFENHEIT DEINER GEDANKEN AB.« – MARC AUREL

Das hat der römische Kaiser Marc Aurel schon vor fast 2000 Jahren erkannt. Es mit anderen zu teilen bedeutet, es zu vermehren. Je mehr, desto besser.

Mir liegt am Herzen, so viele Menschen wie möglich mit diesem Buch zu einem glücklicheren Leben zu inspirieren und die Tür zu deinem Herzen zu öffnen.

Dafür wünsche ich dir Freude, Mut, Gelassenheit – und Selbst.bewusst.sein. Es ist dein Spielfeld, deine Reise des Lebens. Mach sie zu einer spannenden, herausfordernden, glücklichen und erfüllenden Lebensreise!

Vielleicht ist es an der Zeit, genau jetzt deinen Träume-Kompass neu auszurichten?

Erlaube dir Träume, setze dir keine Grenzen. Lebe nicht unter deinen Fähigkeiten mit dem Gefühl, nicht gut genug zu sein. Wenn du unglücklich bist, steig aus dem Hamsterrad aus und nutze deine Schöpferkraft – denn das Leben ist *endlich*. Wann beginnst du also *endlich, dein* Leben zu *leben*? Nutze jeden einzelnen Tag dafür. Denn jeder Tag ist wie ein kleines Leben, alle zusammen ergeben das große Ganze.

Lebe aus vollem Herzen, mit voller Energie. Das wünsche ich dir!

Viel Glück!

DANKE

Dieses Buch ist für mich ebenso ein gelebter Traum wie die Weltreise. Ich bin sehr dankbar für all die Menschen an meiner Seite, die mich dabei unterstützt und an mich geglaubt haben. Ohne euch wäre dieses Buch nicht dasselbe geworden.

Danke an Elmar Weixlbaumer und das gesamte Team vom Goldegg-Verlag für die vertrauensvolle und konstruktive Zusammenarbeit. Insbesondere danke ich Sarah Bohatschek, die mich als Lektorin stets engagiert und geduldig betreut hat.

Mein Dank geht auch an alle fleißigen Helferinnen und Helfer, die mir während unserer Reise auf die ein oder andere Weise zuhause den Rücken freigehalten haben.

Danke den vielen herzlichen und gastfreundlichen Menschen, denen ich auf unserer Weltreise begegnet bin. Sie sind nicht nur für meine Lebensreise eine Bereicherung, sondern mit ihren inspirierenden Geschichten auch für dieses Buch.

Insbesondere danke ich denjenigen, die mir starke Wurzeln und große Flügel verleihen und das ganz große Glück für mich bedeuten: meiner Familie, Kerstin sowie all meinen Freunden und meinen Tieren.

Last, but not least danke ich dir, liebe Leserin und lieber Leser, für dein Interesse und für die Zeit, die du in dieses Buch investiert hast. Du schenkst dieser Lektüre einen Sinn und ich hoffe, du hattest das ein oder andere Aha-Erlebnis für ein glückliches Leben.

Weiterführende Literatur

Bischoff, Christian: Selbstvertrauen. Die Kunst, dein Ding zu machen. Ariston Verlag, 2014.

Morgenthaler, Julia: Friedolins Freunde: Tierisch genial / Friedolins Freunde: Das Geheimnis des Regenbogens. Selbstverlag, 2021. www.friedolinsfreunde.de

Schäfer, Bodo: Ich kann das. Eine Geschichte über die drei Worte, die unser Leben verändern. dtv, 2023.

Seiler, Laura Malina: Mögest du glücklich sein. Knaur Verlag, 2020.

Kinderbücher Friedolins Freunde

Julia Morgenthaler (Autorin und Herausgeberin)
Anja Rommerskirchen (Illustratorin)

Friedolins Freunde – ein Buchprojekt, das Kindern und Tieren hilft!

Nach dem Motto »lebe deine Träume« vermitteln die Friedolins Freunde-Bücher Kindern über sechs Tierfiguren spielerisch Werte wie Mut, Selbstvertrauen und Gelassenheit. Die Hälfte des Gewinns aus dem Kinderbuchverkauf spendet Julia Morgenthaler für hilfsbedürftige Kinder und Tiere, bislang einen fünfstelligen Betrag.

Friedolins Freunde: Tierisch genial (Bd I)

Sie sind tierisch genial, einzigartig und liebenswert: Friedolins Freunde. Jedes der sechs Tiere hat einen besonderen Charakter und gibt eine spezielle Botschaft weiter, z.B. sei mutig, vertrau dir und folge deinem Herzen!
Die Tiere verbindet ein unsichtbares Band: ihre bedingungslose Freundschaft. Gemeinsam meistern sie spannende Abenteuer, denn sie sind zuverlässig füreinander da und legen Werte an den Tag, die sie allen Kindern weitergeben: Mitgefühl, Hilfsbereitschaft und Zusammenhalt.

Dieses Buch wurde ins Ukrainische übersetzt und 1000 Exemplare an Flüchtlingskinder verschenkt.

www.friedolinsfreunde.de

Friedolins Freunde: Das Geheimnis des Regenbogens (Bd II)

In diesem Buch begeben sich Schaf Friedolin und seine fünf tierischen Freunde auf die spannende Suche nach dem Schatz am Ende des Regenbogens. Ihre mutige Reise führt sie zu abenteuerlichen Begegnungen und einzigartigen Naturschauspielen in Deutschland, aber auch zu Gefühlen wie Angst und Vertrauen, Aufregung und Gelassenheit, Heimweh und Geborgenheit.

Dieses Buch wurde mit dem Förderpreis »kulturMut« ausgezeichnet.